スポーツ・ファン・マネジメント

早稲田大学スポーツナレッジ研究会 編

創文企画

はじめに

　本書は、早稲田大学スポーツナレッジ研究所が 2014 年 12 月から 15 年 12 月に開催した第 4 期の研究会の成果を取りまとめたものである。研究会は、ほぼ一年ごとに統一テーマを設定してきた。今期のテーマはスポーツ・ファン・マネジメントである。毎回、テーマに沿って実務家、研究者が基調報告を行い、討議するというのが研究会の基本的なスタイルであるが、本書はこの基調報告、および研究所メンバーである早稲田大学の研究者の論考を収録している。

　日本のスポーツは現在、人気不足と観客不足に直面しているように思われる。この問題にどう対応するのかを考えるのは、マーケティングの仕事であると言ってよいだろう。ではそのマーケティング、すなわちスポーツ・マーケティングにおいて、何がなされればよいかというと大きく二つあるように思われる。第一は、ファンの分析である。ファンを対象とした研究や分析は、欧米だけでなくアジア大洋州地域でも盛んに行われている。そして、端的に言えば、米国人と日本人は違うので、日本人を対象としたファンの研究が蓄積されていくことが重要である。このテーマの研究は、本研究会の構成員である原田宗彦や松岡宏高（いずれも早稲田大学）によって、継続的に行われている。研究動向の詳細については本書の松岡の稿に詳しい。

　一方、手薄なのが事例研究や歴史分析である。つまり、当事者であるスポーツ組織が、どのようにファンと向き合ってきたのか、どのように成功、あるいは失敗したのかについての研究の蓄積が乏しい。この領域での研究成果が、研究者のみならず、というよりむしろ実務家の間で共有されていくことによって、日本のスポーツは成功に近づいていくのではないかと考える。

　このような問題意識から、研究会の基調報告のテーマについては、ファンそのものの分析を、ほとんど対象外とした。論点は主に、チーム、クラブ、あるいはリーグ、そしてワールドカップのような大規模なスポーツイベントである。

例外として、(株)インテージの阿部正三、木内勝也の両氏には、ウェブによるアンケート調査結果の解析をしていただいた。上記のようにファンの研究はこれまでも数多く行われてきているのだが、その方法は競技場でのアンケート調査が多く、これには武藤のいう標本バイアス問題がある。競技場での調査の限界である。ファンそのものの研究にもそろそろ革新が必要だし、そのことをチームやリーグに認識してほしいと思い、調査結果の報告と本書での公開を依頼した。

　取り上げられている種目は、アメリカンフットボール、ラグビー、サッカー、バレーボール、バスケットボール、そして野球である。個々の論考はいずれも第一線、第一級のものであると自負するが、これらの競技のファン・マネジメントを一つの書籍で俯瞰することも、本書の価値と言えるのではないかと考えている。

　研究会の成果物の刊行も、これで 4 冊目である。参考までにこれまでのテーマは
・スポーツ・マネジメント教育の課題と展望
・グローバル・スポーツの課題と展望
・スポーツ・リテラシー

であり、いずれも本書と同じく、創文企画から出版されている。先進的なテーマでの研究は、読者が限られる。この問題を克服するために、もちろん研究会も努力しているが、同社の理解がなければ続かないことは言うまでもない。記して深謝申し上げる次第である。

2016 年 3 月
武藤泰明（早稲田大学、研究会代表世話人）

スポーツ・ファン・マネジメント
【目次】

はじめに（武藤泰明）……1

1 変貌するスポーツファンをマネジメントする（町田　光）……7
 1　はじめに……7
 2　日本のプロスポーツの現状……8
 3　NFLに見るファンの多様性……10
 4　スポーツを社会の共有財産＝全ての人のもの、と考える……11
 5　スポーツ消費欲求の多様化と拡大……14
 6　日本のスポーツ経営の行方……18

2 英国サッカーリーグにおける中小クラブ経営の方向性について―AFC Wimbledonを例にして―（西崎信男）……21
 1　問題意識……21
 2　中小クラブの内部経営資源(中小クラブの経営)はどうなっているか？―公表数字から見る中小クラブ（4部リーグ2AFCW）の経営―……23
 3　事例研究……25
 4　中小クラブ経営の方向性―サポータートラスト、及びスタジアム・マネジメント―……28

3 イングランドのプロ・フットボールにおけるファン・マネジメントの歴史
　―ファン／サポーターの立ち位置の変化とフットボール・リーグのガバナンス―（藤井翔太）……31
　1　はじめに……31
　2　世紀転換期（1880年代〜1910年代）：プロ・フットボールの成立と「サポーター」……32
　3　戦間期〜戦後期（1920年代〜60年代）：テレビが生み出した「ファン」……34
　4　20世紀後半（1970年代〜90年代）：プレミアリーグ改革とサポーター組織の変化……36
　5　おわりに……39

4 ファジアーノの挑戦（木村正明）……41

5 臨場感か、安全性か＝プロ野球の課題を考える（佐野慎輔）……47
　1　なぜ人は競技場に行くか……47
　2　観客動員に知恵を絞る……49
　3　『臨場感』という"魔物"がいた……51
　4　ファウルボール訴訟が起きた……52
　5　プロ野球の危機を救った臨場感……55
　6　『臨場感』も、『安全性』も……59

6 スワローズ（ヤクルト球団）のチケットマーケティングを起点としたファン・マネジメント（伊藤直也）……63
　1　私のバックグラウンド……63
　2　アメリカプロスポーツビジネスにおけるチケットマーケティングへの考え方―主なエリアは3つ／シーズンシートを売る事がトッププライオリティ―……65
　3　日本のプロスポーツ・スワローズのチケットマーケティング（2007年当時）……68
　4　総合システムの導入とファンクラブ改革……72

5　効果……77
　　6　2015年セ・リーグ優勝と今後……80

7　ラグビーワールドカップのファン・マネジメント（井上俊也）……83
　　1　はじめに……83
　　2　問題意識―有力国を重視した試合日程と開催会場……84
　　3　2007年フランス大会の事例……84
　　4　2011年ニュージーランド大会の事例……90
　　5　2015年イングランド大会の事例……96
　　6　おわりに　―2019年日本大会に向けて……102

8　Vリーグ増客戦略とファン・マネジメント（佐藤直司）……105
　　1　はじめに……105
　　2　ファン・マネジメントの日伊比較……107
　　3　Vリーグにおけるファン・マネジメントの課題と戦略……111

9　バスケットボールのスポンサーマネジメントについて―千葉ジェッツを事例として―（梶原　健）……115
　　1　千葉ジェッツのスポンサーマネジメントについて……115
　　2　千葉ジェッツのスポンサーについて……118
　　3　最後に……122

10　「ファン構造可視化調査」からファン・マネジメントを考える（阿部正三・木内勝也）……123
　　1　はじめに……123
　　2　ファン構造可視化調査の実施……125
　　3　ファン・マネジメントへの活用可能性と今後の課題……133

11　ファン・マネジメント研究の必要性―ファンを獲得するための消費者行動研究―（松岡宏高）……135
　　1　ファン・マネジメント研究とは？……135

2　ファンの心理的コミットメントという概念……136
　　3　ファンの消費意思決定過程と心理的コミットメント……138
　　4　まとめ……142

12　地域密着と地域スポーツ振興をめぐる一考察（武藤泰明）……145
　　1　はじめに……145
　　2　ドイツの地域密着、日本サッカーの地域密着……146
　　3　マルチサプライ：日本における地域スポーツの産業組織の多様性……149

執筆者一覧……156

1

変貌するスポーツファンを
マネジメントする

町田　光（日本フラッグフットボール協会専務理事）

1　はじめに

　ファン・マネジメント、実はあまり聞きなれない言葉ではないだろうか。ファンはスポーツを見る顧客であると定義して良いだろう。またマネジメントは一般的に経営や管理という意味で使用されるが、改めて辞書で探ってみると、分析、評価、選択、計画、操作、取扱、操縦、制御、調整など、経営上の様々な重要な要素を含む言葉だということが解る。こうしてみるとファン・マネジメントとはスポーツを顧客に見せることを通じて収益を獲得するスポーツの経営、特にマーケティングの領域における中心的な課題である事が解る。
　私がファン・マネジメントという言葉を聞いてまず頭の中に浮かんだのはドラッカーの「事業の目的は顧客の創造である」という有名な言葉である。これはシンプルであるが実に含意のある優れた言葉だと思う。事業の目的を売り上げや利益など、自社の内部に置くのではなく、顧客や市場など外部に置くのである。つまり企業とは社会に対して価値を提供し、人々に受け入れられて初めて発展することができる、社会的存在なのである。また社会は常に変化し続けるものであるから、いま目に見える顧客の欲求に対応するのでは不十分であり、常にその先の社会を見据え、そこにある課題や人々の欲求を読み解き、新たな価値を創造し提供しなければならないという事を示しているのである。
　この小論では、今ではあらゆる経営における基本とされるこの概念から見たスポーツ経営の課題について考えてみたい。この概念に立てば、スポーツファンとは日本のスポーツ関係者がよく口にするように「良い試合をして勝利すれ

ば自然に増える」ものなどではない。スポーツファンとは意図をもって、自ら作り出すものなのである。しかもスポーツ経営は、ファン獲得が終着点ではないところに一般のビジネスとは異なる大きな特徴がある。ファンの存在は、その先にテレビ放映権、スポンサーシップ、ライセンス（商品化権）など、巨大な収益の機会を生み出すのである。言い方は悪いかもしれないが、スポーツ経営にとって獲得したファンの存在、それ自体が新たな商品となるのである。

　ここまで考えてみると、ファン・マネジメントとはスポーツ経営にとって最も重要な課題であるというべきであろう。またこのことは既に経済成長が終わり成熟社会を迎えた日本に於いて、プロ、アマ問わず全てのスポーツが真剣に取り組まねばならない課題なのではないだろうか。顧客の最大化を求めるプロスポーツ経営の思考や方法を企業スポーツやアマチュアスポーツは積極的に取り入れ、ファンの拡大を行い、スポーツの社会的価値の向上を進めることで、企業や自治体などからの支援を獲得する可能性が広がるのである。

2　日本のプロスポーツの現状

　表1は世界の主要なプロスポーツリーグの2003年から2014年までの12年間の売り上げの変化をまとめたものである。まずその売り上げ規模を見ると、日本を代表する2つのプロスポーツが欧米と比較して極めて小規模に留まっていることが解る。そこにGDPとの対比を加えればその差は更に大きなもので

表1　主要スポーツリーグ年間売上高比較（推計、概算）　　　　　1ドル100円で計算

	2014年（対2003年）	2006年	2003年
NFL	12,000億円（250%）	8,000億円	4,800億円
MLB	9,000億円（214%）	6,000億円	4,200億円
NBA	5,500億円（137%）	―	4,000億円
EPL	4,500億円（180%）	3,300億円	2,500億円
BUNDESLIGA	3,400億円（248%）	―	1,370億円
NPB	1,300億円（118%）	1,150億円	1,100億円
Jリーグ	838億円（150%）	691億円	558億円

GDPは日本＝100とすると、UK=63、GE=82、US=260
JリーグはJ1＝134%、J2＝200%成長。また2014年の売り上げには、この年開幕したJ3が含まれる

1　変貌するスポーツファンをマネジメントする

あることが解るだろう。なぜ世界第 3 位の経済力を誇る日本に於いてプロスポーツの売り上げ規模はこれほど小さいのだろう、とビジネスを行うものならば誰もが疑問を持つはずだ。ちなみに日本の音楽、映画、テーマパークの産業はそれぞれ世界第 2 位、3 位、2 位を占めており、日本はエンターテイメント産業大国であるにも関わらず、なのである。

　更にその成長率に目を向けると、欧米のスポーツリーグが軒並み 200％を超える極めて高い数字を出していることに驚かされる。プロスポーツビジネスは先進国の経済成長が一様に終わりを迎えた 2000 年代に入ってから、急成長を遂げている数少ない存在として世界的に大きな注目を浴びている産業なのである。そしてここでも日本のプロスポーツとの大きな落差に誰もが強い問題意識を持つのではないだろうか。

　この落差の原因は様々であるが、私はその根源に「顧客」についての意識、考え方の違いがあると考えている。経営の原則に立てば、顧客の定義が異なれば、商品そのものから、マーケティング、営業などあらゆる活動が異なる。しかし私の経験では「顧客を定義する」という意識が存在しないのが日本のプロスポーツ経営の現実である。野球を例に挙げれば、「野球チームなのだから、顧客は野球ファンであり、提供するのは野球の試合である」と考えるのである。商品＝野球（の試合）がまず大前提であるから、必然的に勝利や中身の濃いゲームが重要視される。顧客とは結果である。これは典型的なプロダクトアウトの考え方として、全く間違っているとは言えない。しかし本当に「スポーツの顧客はスポーツファンだけなのだろうか」「人々がスポーツに求めるものは試合内容や勝利だけなのだろうか」と問い直せ、広く社会と消費者を見つめてみろ、とドラッカーは言っているのである。

　日本に於いて最も安定的な観客動員を誇るプロ野球チームの一つである阪神タイガースは必ずしも強いチームとは言えない。また目下 2 年連続最下位の東北楽天イーグルスの観客数は増大を続けている。横浜ベイスターズのオーナーシップがディー・エヌ・エーに移って以来 4 年、チーム成績は相変わらず下位に甘んじているにも関わらず、観客動員数は 165％の大幅な増大を果たした。これらは勝利とは異なる価値を野球に見出している顧客が多数存在していることを示しているのではないか。またこの数年来 TORACO、カープ女子、セレ女、スー女などと呼ばれる若い女性が集団でスポーツ観戦に訪れる現象が話題にな

9

っているが、彼女たちがスポーツに求めているものは果たして選手の技量や試合の内容なのだろうか。更に男女のサッカー、フィギュアスケート、テニスから記憶に新しいラグビーまで、国内リーグ戦の人気は低迷しているにも関わらず、代表戦は日本中が熱狂する「なんでも日本代表」現象は一体何を意味しているのだろうか。

　ここから見えてくるのは、スポーツに対して従来とは異なる新たな魅力を見出した新たな消費者の登場、言い換えればスポーツに対する人々の欲望の多様化という現象が起きていると言えるのではないだろうか。

3　NFLに見るファンの多様性

　図1は世界最高の売り上げを誇るNFL（National Football League）がそのファンを分析したものである。2014年のESPNによる米国のスポーツ人気調査によればNFLのファンの総数は1億8000万人である。それを中心のAvid Fan（日本で言う「コアファン」）から一番外側のA little bit interestedまで4つの階層に分類したものである。

　NFLは常にこの4つのファン層それぞれを注意深くモニターし、外側から内側へ、つまりより深いファンとするための様々な施策を行いながら、しかし全体としてはこの4層が拡大しながら維持されていることをリーグ経営の大きな指標としている。近年その中でも特に力を注ぐのが、外側の2つの層の拡大である。なぜならば、アメリカにおいても子どものスポーツ離れ、人々の価値観の多様化が進行し、更にNFLの中心的支持層である白人の人口比率が70％を割る状況の中で、まずは広く人々にNFLに興味を持ってもらうことが重要となっているである。大量の「薄いファン」の存在がなければ「濃いファン」は生まれないのである。

　しかもそれぞれの層のファンはそれぞれの形でNFLの重要な顧客である。Avid Fanはゲームチケットを買い、有料テレビ放送に加入し（ESPNとの放送権契約は年1.9billionUSD）、チームグッズを購入する。Casual FanとSomewhat Interestedのファンは NFLのゲームを地上波放送で観戦するので、地上波放送局は世界で最も高い放映権料（3局合計、年3.1billionUSD）を支払うのである（NFLはレギュラーシーズンゲーム全試合が地上波放送され、平均視聴

1　変貌するスポーツファンをマネジメントする

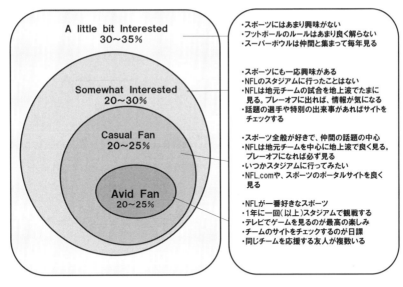

図1　「NFLファン」1億8000万人（2014年）の多層構造

率は約12％、プレーオフになればこれが20％を超える。ちなみにアメリカのプライムタイムの平均視聴率は約5％である）。そしてA little bit Interestedの人々も毎年必ず見るスーパーボウルの視聴率は平均45％という驚異的なものとなり、今年2月に行われた第50回スーパーボウルの30秒CM1本の金額は5millionUSDという史上最高価格であるにも関わらず、50本の枠が即座に売り切れることになるのである。しかしこれら個々の数字にも増して重要なことは、このNFLの分厚く多様なファン層、実にアメリカ総人口の56％がファンであると答える事実こそが、NFLにアメリカ社会における巨大な存在感を齎し、あらゆる活動を力強く進めることができるのである。

4　スポーツを社会の共有財産＝全ての人のもの、と考える

　NFLのリーグ経営の最大の特徴は、リーグがチームからその権利の多くを預託され一括管理・運営し、その収益を全32チームに共同分配する「社会主義型リーグ経営」である。具体的にはテレビ放映権料、ライセンス商品のロイヤリティー、リーグスポンサーの100％、加えて入場料収入の40％、これら全

てが一旦リーグの収入となり、そこからリーグの運営経費が引かれ、残りが全て共同分配される（2015年度は1チームあたり230millionUSD）。これにより各チームの収入の平均73％以上がリーグからの分配金で占められることになるため、チームの資金力の格差が最小化される。さらにその上に選手の年棒の上限が定められるサラリーキャップ制度とウェーバー制ドラフトが厳正に施行されている。

　言うまでもなく、これらはチームの戦力均衡による魅力あるゲームの創造と、全ての都市を代表するチームの経営を安定させ、毎年スーパーボウル優勝を目指すことを可能にするシステムなのである。前コミッショナーのポール・タグリアブーは「なぜ資本主義の国アメリカでこのような社会主義的な制度を採るのか」と質問を受けた時、「資本主義は企業を倒産させてそのシェアを奪う仕組みである。スポーツはそのようなものであってはいけない。スポーツは全ての街の人々の共有財産である」と答えている。実はNFLは1960年代に、この「社会主義システム」が独占禁止法に違反している疑いがあるとして議会の公聴会で尋問を受けた過去がある。その時当時のコミッショナーであるピート・ロゼールが「チームは自転車の一本一本のスポークである。リーグはリムである。この2つが互いに支え合って初めて自転車は安定し、前に進むことができる。これによりアメリカの全ての街の人々のアイデンティティーであり誇りであるフットボールという共有財産を守り続けることができる。他に代わられるものはない」と演説し、その結果独占禁止法の適用から除外することが認められたのである。こうして自らを公共財であると公に規定したNFLは"本当に公共財になるための努力が宿命付けられた"のである。

　このNFLのいわば「2000年代のミッション」を言葉にしたものが"Power of the NFL Brand"というNFLのパートナーシップのプレゼンテーション用冊子のはじめに書かれている"NFL Overview"である。

- Key Consumer Insight

    In a world where people are doing more with less time, there is an increasing needs to reconnect and belong.

    NFL is a powerful unifying force for family, friends, colleagues and communities.

- NFL Brand Positioning

    To be seen, thought of and experienced as "the" premiere sports and entertainment brand that brings people together, connecting them socially and emotionally like no other.

　NFLは現代の孤独や不安の高ストレス社会を生きる人々に、「人との繋がり、一体感」を提供する「最も優れたブランド」であると言っている。つまりNFLは社会の問題や課題を解決するブランドであると自らを定義しているのである。そして family friends colleagues community というようにその対象は「全ての人」なのである（一時期、even Nation、と言葉が加えられた時期もあった）。以下、そのNFLのブランドコミュニケーション活動（Fan Engagement）における基本的な考え方を示すキーワードをいくつか紹介してみたい。

- Everyone……男女、年齢、人種、フットボールの理解者であるかどうかは問わない。誰でもNFLのファンになり得る。
- Everyday、Everywhere……NFLと人々との接点（touchpoint）は試合の日だけではない。NFLは1年中いつでも、どこでも人々とコミュニケーションする。
- Before the Game……人々をゲームの前にNFLの物語に導き、共感を創る。ゲームは物語を体感し、感動を共有する場である。
- Gameday Experience……ゲームデーは特別な祝祭の日。朝起きてから夜眠りにつくまで、全ての時間と空間をNFLの感動体験で彩る。
- Community……NFLが人々に提供するのはフットボールそのものではない。フットボールを通じた人々の繋がり、コミュニティである。
- Not tagline but activation……NFLのブランドコミュニケーションは「気の利いた言葉」ではない。それは「具体的な行動」である。NFLはコミュニティの問題解決に積極的に関わるリーダーとなる。

　NFLと32のチームはこれらのコンセプトに基づき様々な活動を積極的に展開している。その代表的なものはNFL Foundationのサイトで知ることができるが、これ以外にも各チームや選手会、チームオーナーや選手個人がその日常活動を通じて、子ども、老人、マイノリティ、貧困、健康、教育、など様々な課題の解決に向けて地域に密着した多種多様な活動を行っている。これらの全ての活動をリーグとチームと選手とが一体となって展開することを可能にしているのが「社会主義型リーグ経営」なのである。

　ここまで見てきたように、現在のNFLに大きな成功をもたらしたのは、NFL

の目的を社会に置き（key consumer insight）、そこにある社会問題（doing more with less time）や人々の心理や欲望（increasing needs to reconnect and belong）を読み解き、そこに価値を提供（brings people together）することで顧客（18,000万人）を創り出す、という点でドラッカーの言葉を忠実に実行している経営体であると言えるのではないだろうか。それは現コミッショナーであるロジャー・グッデルの言葉、「我々は史上最も成功したスポーツリーグではなく、最も成功したブランドの一つである」「我々のライバルはディズニー」に象徴されているのである。

5　スポーツ消費欲求の多様化と拡大

　図2は近年の日本のスポーツ消費の変貌の様子を、「する」「見る」「関わる」の3つに分けて説明したものである。一般的に「関わる」は「支える」という言葉で表現されているが、私はこれを「する」を中心に置く古い日本のスポーツ観の表れであると感じ、違和感がある。現代社会において「する」「見る」「関わる」は等価であり、その全てを活性化することで、スポーツへの多様な形の参加が促進され、それがスポーツの社会的な価値の向上と産業としての発展を進め、やがてスポーツが日本の日常の風景、つまり文化になると私は考えるのである。

　図の中心の色の濃い部分が日本の旧来のスポーツの在り様を示している。「する」は競技を行う事であり、「見る」は技術や試合内容、勝敗にこだわる競技の観戦である。この「スポーツ＝競技」という概念の枠の中にある日本のスポーツの在り様を「支えた」のがスポーツを教育のツールとする「体育」であり、競技者を社員として抱える「企業スポーツ」であった、と私は考えている。このシステムが日本のスポーツに、スポーツの体験の機会提供や、競技力の向上などの価値を与えてきたことは確かである。しかしその一方で、スポーツが本来保有している多元的な価値を開花させることができず、それどころか日本のスポーツを社会性が乏しく保守的かつ閉鎖的なものにしてしまい、それがスポーツ経営の発展を阻害した大きな要因なのではないだろうか。

　しかし今、これら日本のスポーツの問題を一気に押し流してしまうかもしれない、大きな変化が起きている。それが日本の人々のスポーツに対する欲望の

1 変貌するスポーツファンをマネジメントする

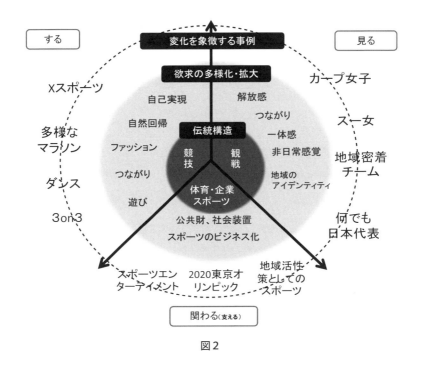

図2

大きな変化である。

　図の薄い墨の部分が人々のスポーツに対する欲望の多様性の拡大を示し、その外側に近年見られるいくつかの事例をあげている。「する」に例示した「多様なマラソン」とは長距離を走る、という基本形は備えているものの、例えば「スイーツマラソン」は様々なスイーツを食べながら、「カラーラン」は色とりどりのカラーパウダーを全身に浴びながら走るものである。これらの新しいスタイルのマラソンは「ユニークマラソン」などとも呼ばれ、情報サイトを見ると1年に全国で100以上の様々な大会が開催され、毎年その数と参加者は急増を続けている。参加者のブログやSNSの書き込みを見ると「完全な自己満足」「ファッションを自慢し合って楽しんでいます」「仲間と共通の目標を持って、つながりが深くなった」「自然の風を感じて開放感でいっぱい」「笑顔でスポーツができるとは思わなかった」などの言葉が並ぶ。ここに見えるのは勝敗や技術など競技面へのこだわりではなく、自己実現欲求や自然回帰欲求、非日常体験欲求、そして何よりも他者との繋がり欲求である。これらは他に例示したX

15

スポーツ、ダンス（ヒップホップ、チアダンス、社交ダンスなど）、3 on 3の参加者においても同様である。従来の競技スポーツは、その完成形が厳然と存在し、その練習法も標準化され、それ以外の方法で競技に参加することなど事実上できなかった。しかしこれらの新しいスポーツは、まるでゲームやパソコンにのめりこむように個人で深く習熟してゆくことで、それぞれがそれぞれのスタイルで「すごい奴」になることができるところに特徴と最大の魅力がある。それはある種の権威として存在する近代スポーツを、現代を生きる人々のリアルな日常感覚で相対化し、それぞれの個人がオリジナルなテイストを加えて再構築した新たなスポーツの形であると考えることができるのではないか。それは彼らが言う様に、自己表現の場であり、コミュニケーションのツールであり、非日常への逃避場であり、身体性の回復の機会であり、どれも多様で今日的な人々の欲望の表れなのである。

　「する」スポーツの変化と同様のことは「見る」スポーツにおいてもさらに大規模な形で起きている。冒頭でも述べたカープ女子やスー女など、女性が集団でゲームの観戦に訪れる現象はメディアでもたびたび取り上げられ、話題になった。ここで「観戦」という言葉を使ったがそれはこの現象の意味を正しく表していないだろう。彼女たちもまた「競技」そのものに興味の中心はない。やはりブログやSNSを覗いてみると「ホームランのボールが高く上がって、見上げたら空が青くて泣きそうになった」「新しいスタジャンを自慢し合ってみんなが一つになった」「夕方仕事終わり、居酒屋やめて横スタチョイスでビール最高」「歌詞はわからないけど応援歌で皆が一つになった」「カープを応援して初めて広島に誇りを持てた」…。もちろんこのような観客を「にわかファン」であるとして疎ましく思う「濃いファン」「競技観戦者」も多いだろう。「する」スポーツにおいても「スポーツを馬鹿にしている」「スポーツは真剣な勝負のはずだ」「一過性のものですぐに消えるさ」といった声があちらこちらで上がっている。

　しかしスポーツとはもともとこのように多様な人々が、様々な形で参加し、皆で楽しむことができる場であったはずである。私はイギリスのサッカーの原型が今でも残っていると言われるアッシュボーンのサッカーの試合をめぐるドキュメンタリー番組をテレビで見たことがある。そこでは多様な競技者、多様な観戦者どころではなく、観戦者と競技者の境もなく、また試合用に仕切ら

れた特別の空間でもなく、それこそ街中がその日はフィールドと化し、そこに7,000人の市民が「見る—する」を自由に入り乱れながら、街の真ん中を流れる川で分けられた2つの地域の誇りを賭けてゲームに参加し、熱狂する様子が映し出されていた。それは地域のアイデンティティを核にした丸2日を賭けた全員参加の戦争ごっこのようなものであり、日常を脱し熱狂が許されるハレの日であり、ヒーローをめざし自己実現をする場所であり、街を離れて暮らす人にとって故郷に帰る特別な日であり、世界中から集まる観光客向けに商売ができる機会であり、つまり様々な人々が様々な欲望を持って参加できる祝祭の場なのである。この2時間のドキュメンタリーを見て、私は心底驚き感動したと同時に、羨ましいと感じたのである。私はそこに何かサッカーとアッシュボーンの人々が作り出す大きな包容力のようなものを感じ、私もそこに入って行きたいと感じたのである。

　このスポーツと人とが作り出す「包容力の様なもの」こそがいま日本の人々が競技種目を問わず「日本代表」に熱狂し、Jリーグの松本山雅のような「(たとえ弱くても) 自分の街のチーム」の応援にバスを連ねて全国に繰り出し、ルールも解らない人々の群れがスポーツの熱狂空間に引き寄せられる現象の根底にあるのではないか。成熟社会を迎えた日本は、人々の価値観が多様化し、自由を獲得したのと引き換えに皆が共有できる大きな物語を失い、人々はバラバラな存在となり、日々を孤独や不安の中で生きている。更に経済、教育、年齢、地域など、様々な所で格差が広がり、それが日本の社会を分断している。ここにNFLの言う"there is an increasing needs to reconnect and belong"が起きているのである。豊かで暖かな共同体社会を失いつつある日本社会は、皮肉にも皆がスポーツを必要とする社会に急激に変貌していると言えるのではないか。

　図2の「関わる」の所に示した「公共財、社会装置」とは、今後の日本社会を生きる人々を孤独や不安の淵に追いやることなく、皆を社会の中に繋ぎとめるためにスポーツは重要な役割を果たす存在になるだろうと考えるからである。また「スポーツのビジネス化」とはスポーツが、これまでの「競技好き」「スポーツだけが好き」などの限られた人々だけのものから、NFLの言う"Avid"から"a little bit interested"の人に至るまで、様々な人々の様々な欲望やライフスタイルに合わせた多様な参加、楽しみ方を提供する大きな産業になり得るという事を示しているのである。

6　日本のスポーツ経営の行方

　我々はいま日本のスポーツの大きな転換点に立っているのではないだろうか。それは「近代スポーツの溶解」とでも呼ぶべき状況である。日本人のスポーツ観を今に至るまで支配してきた近代スポーツ、そのエートスである勝利至上主義や優勝劣敗主義、集団主義などが日本社会の成熟化、人々の価値観の多様化などにより相対化され、スポーツはようやく本来の多元的な姿を取り戻しつつあるのである。言い換えれば、スポーツを取り巻く日本人の欲望の変化が日本のスポーツの在り様に巨大な変化を促しているのである。そしてスポーツとはもともと永遠に不変の崇高な存在などではなく、人間の欲望に属する存在であり、今起きていることは極めて自然かつ健全な変化であり、最早不可逆のものなのである。それではスポーツ経営は、そして「ファン・マネジメント」はどうあるべきなのだろうか。

　第一にスポーツの新たな顧客を理解するために、現在起きている人々の生活や思考、欲望や心理の変貌をよく観察し、その意味や背景を深く理解することが必要である。ここで陥りやすいのがいわゆる「観戦者調査」である。乱暴に言えば、現在の顧客をどれだけ科学的に調査、分析してもあまり意味はないのではないか。顧客は多様化しながら膨張しているのである。むしろ今重要なのは人々の新たな消費の奔流が向かう先、例えばCDは買わなくても若者が大挙するロックフェスやライブ会場、多摩川の河川敷が埋め尽くされるバーベキューパーティー、高尾山の「なんちゃって大自然踏破」に殺到する女子、炬燵でほっこり鍋会、カラオケ店でのアナ雪大合唱、ラインやSNSによる「キズナ」、映画やアニメ、ゲームが煽る「感動の友情物語」…これらの現象を注意深く観察し、そこから見えてくる「つながり欲求」や「非日常欲求」「自己承認欲求」「自己実現欲求」など、現代の人々が抱える様々な課題や欲望を良く理解し、これらの人々をどのようにスポーツの消費者に転化することができるのかについて考える事の方がはるかに生産的である。

　第二に自分が関わるスポーツについて多角的な視点から見つめ直すことが必要である。あるスポーツについて、それを形成する文化的構造やその歴史的、社会的背景、現代の日本社会における価値や魅力といった事について、他のス

ポーツとの差異化を意識しながら1万字書くことができる人はどれだけ存在するだろうか？　様々に異なる多様な欲求や関心を持つ顧客に向けて的確なマーケティングやコミュニケーションを図るためには、スポーツを多面的、多角的に捉え、多元的な価値と魅力を見いだし、それらを想像力豊かな言語やイメージで表現・伝達し、人々との間に共感的理解を作り出すことが重要なのである。

　第三にスポーツ消費の新たな動きをリードできるスポーツ経営組織（チーム、リーグ、協会など）を根本から（再）構築することが必要である。日本はプロスポーツですらその多くが未だに過去の日本のスポーツの在り様、つまり「競技と観戦」に沿って創られた姿のままであり、その経営思想も、人材も、ファン・マネジメントも、新たな消費の奔流を掴み取れるものではない。スポーツ経営は一般の消費財などの経営とその基本的な構造は変わることはない。しかしスポーツは生活必需品ではなく、目に見える機能的価値を提供するものでもない上に、楽しさや感動、幸福や充実感などと同時に、怒りや不安、悲嘆や落胆、失望など、人間のあらゆる感情や情緒が複雑に交錯するコントロールが困難な「経験」が商品価値の本質であるという点において、実は複雑で高度な経営が求められるのである。ここで最も重要なのは、人や社会に対する情報感度と感応力の高さである。これはある種の才能という面もあるが、環境と経験と学習により習熟できる。事実、私がNFLで経験したのはそのような人物の坩堝であった。仕事のバックグラウンドは多様であるが、皆直観力と表現力に優れ、自分の話もよくするが、他人の異なる意見を聞きたがり、とにかく議論が好きだった。そのような組織文化がスポーツ顧客の多様性という事に早くから気づき、そこに論理的な意味を与え、事業戦略を構築し、数えきれないほどの試行錯誤を重ねながら、現在の地位を築いてきたのである。これに対し「それはアメリカというスポーツ文化がある国だから可能なのだ」という反論がすぐに予想できるが、間違っている。文化という言葉あえて使うならば、文化とは様々な人々の多様な思考、願望、夢、欲望、生活などをエンジンとして、変革、改革、困難、無駄、あきらめ、失敗などの試行錯誤を経た先にうっすらと現れるものであり、十年一日、同じことを繰り返していると自然に醸成されるようなものではないはずだ。

　今日本で起きているスポーツ消費の大きな奔流に挑んだ者が、今後の日本のスポーツをリードする存在になることを確信する。

2 英国サッカーリーグにおける中小クラブ経営の方向性について
―AFC Wimbledon を例にして―

西崎 信男（上武大学）

1 問題意識

　欧州プロサッカー業界は 1990 年代以降 TV の人気コンテンツとして世界中に放映され、巨大な資金がクラブに流入する状況が続いている。世界の5大リーグと呼ばれる（英・独・伊・仏・西）は、各リーグとも売り上げは右肩上がりで高成長を記録している。その中で、英プレミアリーグの人気と売上高増加スピードは著しく、名実ともに世界でナンバーワンのサッカーリーグと呼ばれ華々しい。

　その一方で、クラブの破たんが頻発するのもこの業界の特徴である。その原因は、英国に端を発するプロサッカーリーグは、「勝利優先」が貫徹され、アメリカ型の「ビジネス（利益）優先」にはなっていないからである。そこでは、

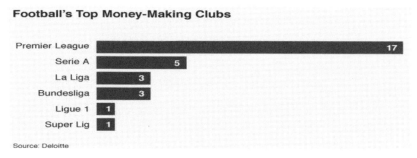

図1　世界のサッカークラブで最も裕福な30クラブの所属リーグ毎のクラブ数
（BBC Sport, 2016）

顧客であるファンだけではなく、経営者たるべきオーナーも他の利害関係者もクラブ経営は、一般企業の経営とは異なっても仕方ないと考えている。サッカーのビジネスモデルは、そのシステムとして昇格・降格制度が導入されているからである。他方、同じプロサッカーでありながら、欧州からアメリカにわたり人気急上昇している MLS（メジャーリーグサッカー：Major League Soccer）はプロサッカーリーグにおけるクラブ経営の困難性を打破するために、他の米国メジャースポーツのビジネスモデルに倣い、昇格・降格なしの閉鎖的リーグシステムを採用している。

　昇格・降格の競争がファンの熱狂的な人気を喚起してきたのであるが、中小クラブのみならず 1 部リーグであるプレミアリーグの中でも経営破たんに至ったクラブが出てきた。ポーツマス Portsmouth（2010 年当時プレミアリーグクラブ）で、現在は 4 部（リーグ 2）にまで降格してしまっている。この例からも明らかなとおり、例えエリートのプレミアリーグに所属していても、競争が激甚なために経営破綻を起こしたり、下部リーグに転落する可能性も常にある。経営破たんは英国リーグのみならず、欧州も各リーグで発生してきている。そこで完全自由競争のビジネスモデルの修正として、欧州サッカー連盟（UEFA）が導入したのが FFP（フィナンシャルフェアプレー規制）である（西崎、2015）。これは富豪オーナーが所有するクラブがその資金力に任せて選手を競ることで有名選手の報酬が急騰して、それがクラブの人件費（wages）急上昇を呼び、結果としてクラブ経営の健全性の指標である売上高人件費率の増大につながるのを抑えるためである。基本的にはヨーロッパレベルの試合に参加するビッグクラブを対象としているが、参加するかは自由である。

　それでは残りの英国の中小プロサッカークラブの経営はどうなっているのか？　ここでは英国プロリーグの 3 部（リーグ 1）～ 4 部（リーグ 2）に所属するクラブを対象とする。ミクロベースで中小クラブの経営実態が現れる公表された財務数字等を分析することによって、中小クラブのクラブ運営の実態をあきらかにしていく。その中小クラブの事例として、AFC ウインブルドン（AFC Wimbledon。以降、AFCW と略す）を対象とする。その理由として、中小クラブの経営安定性を図るためサポータートラストがクラブ株式を所有し経営に関与していること、プロサッカーファンにおける地域密着と経営の整合性、本拠地移転の是非（スタジアム・マネジメント）等論点が多いためである。

2 中小クラブの内部経営資源(中小クラブの経営)はどうなっているか?
―公表数字[1]から見る中小クラブ(4部リーグ 2AFCW)の経営―

　以下、西崎(2015)から一部修正の上、引用する。Andreff and Staudohar(2002)の3段階モデルによれば、アマチュアからプロに移る過程での資金調達の違いは以下の通りである。

　アマチュアとは、地域レベルの参加に重点がある会員中心型組織である。資金調達は入場料の他は、会費、寄付金、飲食売上が中心となる。それに対して、従来型プロスポーツでは、入場料や地域からの支援を確保しつつも、スポンサー・広告や政府補助金が重要な資金調達源となる。最後に現代型プロスポーツでは、クラブのブランドやスポンサー等企業との取引を大きく増加させてきている。従来型プロスポーツの発展型である。重点は、売上高拡大である。企業規模拡大のために株式市場経由、安定的資金獲得を目的として、株式公開(上場)するクラブも増える。1990年代に英国プロサッカーがヒルスバラ事件(1989年:スタジアム施設の不備で、ファンが96名亡くなった事件)への反省、プレミアリーグ誕生(1992年)を契機として、近代的スタジアム建設等で資金需要が膨らんだが、上場資金でその建設費用(資本的支出)を賄った経緯がある。プロサッカービジネスは業績変動の大きいリスクビジネスであるので、ご

表1　アマチュアとプロの資金調達方法の違い　　Stewart(2007) p.21 Table 2.1一部改変

	アマチュア	従来型プロスポーツ	現代型プロスポーツ
入場料	○	◎	◎
会費・登録費	◎	○	○
寄付金	◎	○	○
政府補助金	○	◎	◎
飲食売上	◎	○	○
スポンサー・広告	×	○	◎
グッズ売上	×	○	○
テレビ放映権料	×	○	◎

　(注)　◎:大変重要、○:重要、×:重要ではない

く一部のクラブ（株式・社債を発行したマンチェスター・ユナイテッドや社債を発行したアーセナル等）を除いては、長期借入れ、またはクラブのサポーターからの支援（サポータートラスト）に依存することになる。英国のプロサッカークラブの場合、長期借入の際は、無担保借入（企業の信用に対して資金借り入れを行う）ではなく、スタジアムのリース債権担保等有担保借入（返済できない場合は、担保権を実行される）で資金を調達している。

3段階モデルで英国のサッカークラブを整理すると、以下の通りとなろう。

アマチュア：9部〜5部（Tier9〜Tier5：セミプロ）
従来型モデル：4部（リーグ2）〜3部（リーグ1）
現代型モデル：1部（プレミアリーグ）、2部（チャンピオンシップ）

1990年代に現代型モデルで、証券取引所に上場（40数クラブ）し、株式発行による資金調達を行ったクラブは多かったが、サッカーバブル崩壊（1997年〜2000年前後）(Hamil, S. & Chadwick, S. 2010)、さらにプロサッカークラブ経営の本質的脆弱性が機関投資家（生命保険会社、年金資金ほか）から敬遠され資金調達が難しくなったため、ほとんどのクラブが上場廃止となった。しかし、そのような環境の中でも、アーセナル、マンチェスター・ユナイテッドは、社債発行で長期資金調達を行うことに成功した。

スポーツを含めてサービス業では人件費の比重が大きい。そこで売上高人件費率（売り上げを1単位上げるために必要とされる人件費）がプロサッカー業界では重要指標となる。

売上高人件費率＝人件費／売上高

プロサッカー、特にプレミアリーグについては、人件費（wages）とリーグ成績の間に相関関係があるとの実証研究がある（2012/13シーズンについてはDeloitte 2014, p.36）。したがって、各クラブとも選手の補強に力を入れるのであるが、昇格・降格制度があるので、必ず決められた数のクラブが下位のリーグに降格する（同数のクラブが上位リーグに昇格）。したがって、その降格したクラブは翌シーズン、人気が劣るリーグでプレーするため、売上高が激減する。そうなれば高給プレイヤーを放出するかどうかの経営意思決定を迫られる。財務破綻を危惧しつつ、高給プレイヤーを抱えて翌シーズン昇格を目指すのか、それとも安全策をとって、ひとまず高給プレイヤーを放出して財務的な安定を維持するか（その場合は、翌シーズン、更に下位リーグへ降格するリスクを抱

える）である。

　Deloitte（2014）によれば、2012/13シーズンの売上高人件費率 wage to revenue ratio は、英・プレミアリーグで71％、伊・セリエAでも71％、西・プリメーラ・ディビシオン56％、独・ブンデスリーガ1部51％、仏・リーグアン66％となっている。1部ではないが、イングランド2部であるチャンピオンシップでは2012/13シーズンでの平均売上高人件費率は、過去最高の106％にも達している。内訳は半数のクラブで売上高以上に人件費を使っている。これは何が何でも翌シーズンはトップリーグであるプレミアリーグに昇格するとの意向で選手陣営を整えた結果である。サッカーは先の読めないリスクビジネスではあるが、一般の企業経営からすればありえない経営行動である（合理的とは言えない）。楽観的見通しに準拠して、収入以上に選手獲得や報酬にカネを払う。まさにこれが経営者も含めたサッカー関係者の大多数の感覚であり、サッカービジネスの現状である。チャンピオンシップほどでなくても、選手を補強すると人件費が先に増加する。昇格すれば翌シーズンは観客入場者数が増えて、それが広告宣伝、放映権料増加に結びついて、売上高が増加するという、事が狙い通り運んでもタイムラグが発生する構造である。いわんや、選手を補強しても、昇格できなければ人件費だけ増加して、売上高は変わらず、売上高人件費率は上昇して、経営を圧迫することになる。難しいビジネスである。

3　事例研究

　ここではセミプロからイングランド・フットボールリーグ（プロ）のリーグ2（実質4部）に昇格したAFCWの財務諸表から、中小プロサッカーチームの財務状況及びクラブ運営を総覧することで、プロサッカーリーグビジネスの現状を示したい。

　AFCW PLCは、League2のAFCWの100％を所有する持株会社である。他にスタジアム会社についても100％出資。PLCであるが、未上場である。AFCWは2010/11シーズンはセミプロリーグ（Conference League：5部）であったが、2011/2プロリーグ（フットボールリーグ）のリーグ2（4部）に昇格した。売上高約6億円程度の小クラブである。ファンが組成するサポータートラストが資本金全額を出資する、ファンが所有するプロサッカークラブとしてスタート

した小クラブとしては特筆されるべき成績である。

　10年で9部（2002年）から4部（2012年）へ昇格したが、上位リーグでその地位を維持するためにはそれなりの選手が必要となり、サポータートラストの財政支援だけでは十分とは言えず将来への不安が残る。そこでファンがサポータートラストを経由してクラブを所有することと、クラブ外から外部資本を導入することで財務を充実させることの二律背反のバランスが必要になった。AFCWの経営陣がとった戦略は、AFCWは新会社AFCW PLC設立し、その新会社がAFC Wimbledon Limited（サッカークラブ）とAFCW Stadium Limited

表2　AFCW損益計算書推移　　　　　　　　　　　　　　　　　　　単位：英ポンド

	2014	2013	2012	2011
売上高	3,467,809[*1]	3,463,595	3,038,962[*2]	2,329,861
粗利益	542,177	450,034	481,035	383,879
選手移籍金収支	──	(80,006)[*3]	(150,000)	(19,000)
その他費用	821,847[*4]	605,309	502,715	437,983
費用小計	821,847	525,303	352,715	427,983
	(279,670)	(75,269)	128,320	(44,104)
最終利益	(303,531)	(99,971)	104,231	(72,538)

注：（　）はマイナスを示す

（解説）
*1：財務リスクとして最大のリスクは「降格」による。それを回避するために、クラブは、経費削減して、できる限り選手獲得費用・選手報酬に予算を振り向けたいとのことである。当該年度についてはスタッフの一人から多額の寄付（donation）を受けたこと、スポンサーとの契約金額増加があったため、172,000ポンドを選手陣容増強のために使用することができたとのこと。寄付金の重要性は、アマチュア的色彩が強いクラブならではである。
*2：直前の2010/11シーズンはセミプロリーグでプレー。2011/12シーズン昇格によって、前年度比売上高30％増。入場者数増加によるものと思われる。
*3：中小のクラブは財務的に苦しいため、選手の登録権売買（移籍）（registration）によって獲得する利益は重要な資金源となる。費用項目に上がっているため、「－」表示となっている。ユース育成が将来選手の移籍料を生み出し、クラブ経営にプラスとして働く。
*4：当クラブはスタジアム移転（本拠地移転）を検討中（結果として2015年12月移転先自治体より計画実施に対する承認が下りた）であり、そのためのデザイン費用、コンサルティング費用として290,000ポンドを計上したため赤字幅が拡大した。経営陣は、それが可能な健全な財務状況を誇っているが、これ以上の支出をしない旨、明言している。スタジアムの狭さが財務上の上限を抑えているため、スタジアム移転が必要になる。

(Kingsmeadow) をそれぞれ 100％株式所有するスキームとした。現在サポータートラストはこの新会社 AFCW PLC の株式の 77％を所有（議決権ベースでは 88％）するスキーム（複数種類株式構造[2)]）によって、スタジアムを購入するための外部資本を導入する。

一方、クラブの運営をサポータートラスト経由ファンの手に置くことを継続するスキームとしている。換言すれば、ファンによるクラブの所有と、クラブの成績の向上の両方を満たす方策となっている (AFC Wimbledon HP)。

4部のチームは、地域密着しか生き残るすべはなく、まさに AFCW や

表3　AFCW売上高明細及び推移　　　　　　　　　　　　　　　　単位：英ポンド

	2014	2013	2012	2011
入場料・賞金	1,624,285[*1]	1,740,982	1,614,058[*2]	1,053,762
グッズ	216,229	240,604	255,319	221,363
スポンサー・広告	463,262[*3]	438,208	326,364	291,030
バー・ケータリング	319,350	309,378	336,769	369,745
地域密着サッカー計画	121,358[*4]	116,786	82,180	62,538
寄付金	244,285[*5]	177,656	104,185	194,999
ユース育成収入	476,068[*6]	374,376	318,461	130,838
その他	2,972	65,605	1,626	5,586
合計	3,467,809	3,463,595	3,038,962	2,329,861

（解説）
*1：売上減少は、前年度 FA カップのテレビ放送があったが、今年度はカップ戦ではいずれも最初の試合で敗退したためである。TV 収入で 85,000 ポンド減少、さらにカップ戦での利益が 85,000 ポンド減少した。中小クラブにとり、カップ戦は重要な収入源である。
*2：2011/8 リーグ 2 に昇格したため、入場料収入他急増した。
*3：スポンサー、広告料収入は、リーグ 2 を維持することで、増加する。複数年契約が普通であるため、売上高変動は小さい。
*4：地域密着サッカー計画（Community Football Scheme）：クラブが本拠地を置いている地域の子供たちにサッカーを中心とするスキルを教えたり、イベントを開催したりして、地域密着を図る。クラブの重要なスクール事業収入となっている。
*5：まさにファンが所有するサッカークラブであるので、ファン、スタッフの寄付金は多額に上る。プロでありながら、アマチュア的色彩が強いクラブである。クラブの幹部自身（サポータートラストの幹部でもある）が率先して寄付金を提供している。
*6：ユース育成収入：プレミアリーグが主導する EPPP(Elite Player Performance Plan) で、ユースプレイヤーを育成する制度である。AFCW のユースチームから、シニア・チームへ選手を昇格させたり、他のクラブへ移籍したりすることで、収入が計上される。

表4　売上高人件費率推移

	2014	2013	2012	2011
賃金・給与	2,020,732[*1]	1,607,831	1,536,268	1,083,327
付随費用	30,661	48,240	13,057	12,649
社会保険料負担	155,274	143,063	135,432	99,250
総費用	2,206,667	1,799,134	1,687,757	1,195,226
売上高人件費率	63.6%[*2]	51.9%	55.5%	51.3%

(解説)
[*1]：昇格前（2011）と比較して、選手を含むスタッフの費用は倍増した。セミプロからプロリーグへ昇格し、その地位（4部）を過去3年間維持するだけでも相当の人件費がかかったことを示している。
[*2]：当年度は過去数年と比較して人件費率は上昇したが、それまで50%程度とコスト抑制がなされている。プレミアリーグの70%前後、チャンピオンシップ（2部）の100%前後に比較すると、慎重なクラブ運営をせざるをえない状況を示している。

Swansea City（プレミアリーグ。2014年映画が大ヒット）に典型的に見られるように、ファンがクラブを所有し、また金銭的に支援するサポータートラストが鍵となろう。AFCWの財務諸表や役員報告を見ると、スタッフがクラブに多額の寄付を行い、役員が無報酬で働き、さらに無配当のクラブ株式の大株主になるなど、クラブを全面的に支援しているのがわかる。いや、クラブ株式を所有することで、クラブは自分たちのものとの捉え方が徹底しているのである。イングランドと日本ではサッカーの歴史が全く異なるけれど、彼我の差は大きい。

4 中小クラブ経営の方向性
―サポータートラスト、及びスタジアム・マネジメント

中小クラブにとり、ファンがクラブを所有するサポータートラストは重要な仕組みである。しかし、それだけではクラブを維持・発展させることはできない（Sumbler, 2013）。

勝ち負けがクラブの生存すら危うくするビジネスモデルであるが故に、勝っても負けてもクラブを支えてくれるファンの存在、及びその入場料収入が重要である。プロサッカー、特に英国プレミアリーグは、TVの人気コンテンツ

として 90 年代以降世界中に放映され巨大な資金がクラブに流入する状況が続いている。ファンがスタジアムを満杯にし、それが放映されるのでスポンサー料、放映権料が急増する仕組みとなっている。ただし放映権料がプレミアリーグでは売上高の 50％以上を占めるなど、経営の安定性に不安が残る。そこでプレミアリーグクラブですら、入場料収入増加のためにスタジアム拡大を図っている。アーセナルは、入場料収入割合が 42％と欧州トップの高さとなった（DeGaris, 2015）。

　中小クラブはサポータートラストからの支援を受けて現状維持を図るだけでよいか。これはクラブのサポーターが議論して決めるべきことであるが、前述の AFCW はクラブ分裂の理由となったクラブの本拠地スタジアムの遠距離移転（ミルトン・キーンズへ）が契機となってサポーターが作ったクラブ（2002 年：9 部）である。10 年の時をかけてプロリーグの 4 部に昇格したが、サポーターの間には自分たちの故郷（Plough Lane, Wimbledon）へ戻りたいという気持ちが強く、それがサポータートラスト経由、故郷に新しいスタジアムを建設する動きが加速化している。途中、サポータートラスト経由でファンがクラブを所有する仕組みで満足であると考える人々と、故郷に戻りたい（多額の投資が必要）というファンに別れて議論がなされてきた。サポータートラストは非営利の相互会社（協同組織）であり、サッカー振興、地域密着、ファン重視の組織である。それが利益重視である株式会社組織ではないことで、地方自治体の承認を得やすかったのではないかと思料される[3]。ちなみにクラブのマニフェストには「AFC Wimbledon Community Stadium」と銘打って、地域密着を強力に打ち出している。

　クラブ経営をファンの手に残しながらも、外部資金の導入がクラブ存続・発展のために不可欠である。それを可能にする一つの方法は、複数種類株式の仕組みであろう。クラブ経営陣及びそれを支援するサポータートラスト会員のクラブへの支援が前提条件であることを AFCW の事例は示唆している。

【注】
1) 英国では plc（Public Limited Company: 公開責任会社）であれば、会社法に則って簡易版の財務諸表が開示されている。
2) 複数種類株式構造（Multi-Class Equity Structure）：普通株を二つに分け、議決権の比重を変えることにより、議決権をオーナー（ここではサポータートラスト）が株数

割合よりも多く所有する構造である（金子他、2008）。
3) 2015/12 に以前のスタジアムである Plough Lane が所在する地元自治体 Merton Council から復帰案の承認がなされた。内容は、11,000 人（現在のスタジアムは 5000 人）で始め、最終的には 20,000 人のスタジアムにする。同時に不動産、商業施設、レジャークラブも併設するとの計画としている。復帰を承認する理由として、「地元の雇用拡大、地元住民への共用施設の開放」が挙げられている (AFC Wimbledon HP)。

【参考文献】
BBC Sport (2016): http://www.bbc.com/sport/0/football/35373796（2016/1/22 アクセス）
西崎信男（2015）スポーツマネジメント入門～プロ野球とプロサッカーの経営学～，税務経理協会，pp.110-113，pp.70-77.
Hamil, S. & Chadwick, S. (2010) Managing Football-An International Perspective-, Butterworth-Heinemann, pp.19-22.
Deloitte (2007) (2014) (2015), Annual Review of Football Finance,Deloitte.
AFCW PLC Report and Financial Statements for the Year ended 30 June 2012.
AFCW PLC Report and Financial Statements for the Year ended 30 June 2014.
Sumbler, P. (2013) The Official History of the SWANSEA CITY Supporters' Trust, Amberley Publishing, pp.151-153.
DeGaris, L. (2015) Sports Marketing - A Practice Approach, Routledge, p.38.
AFC Wimbledon HP http://www.afcwimbledon.co.uk/club/new-stadium/index.aspx（2015/12/31 アクセス）
金子他（2008）法律学小辞典第 4 版補訂版，pp.176-177.

3 イングランドのプロ・フットボールにおけるファン・マネジメントの歴史
―ファン／サポーターの立ち位置の変化とフットボール・リーグのガバナンス―

藤井 翔太（大阪大学）

1 はじめに

　イングランドにおけるプロ・フットボールは今や世界中をマーケットにしたグローバルな娯楽産業である。特にトップリーグであるプレミアリーグの場合は、一試合あたり平均3万人以上の観客を動員するだけでなく、衛星中継を通じて世界中のファンがプレミアリーグの試合を観戦している。また、多くの外国人選手が在籍しており、毎週の様に多くの外国人サポーターがスタジアムに足を運ぶため、スタジアムにはスペイン語や中国語のパンフレットやスタジアムツアーが用意されている。

　現在のイングランドのプロ・クラブは入場料収入だけでなく、テレビ放映権料やライセンス契約料などを通じて莫大な収益を得ている。例えば、2013/14年シーズンに最も大きな収益を得たマンチェスター・ユナイテッドの場合には、入場料収入（試合当日の諸収入含む）が1億600万ポンド（約180億円）に対して、放映権料収入が1億3500万（約230億円）ポンド、広告などのライセンス料収入が1億8900万ポンド（約320億円）となっている。また、放映権料収入はリーグで一括契約、配分という形式をとるために、下位のクラブの場合にはより一層放映権料収入が重要な収益源となっており[1]、例えばプレミアリーグで収益が最も少なかったカーディフ・シティの場合には入場料収入が800万ポンド（約14億円）に対して、放映権料収入は8倍の6400万ポンド（約100億円）になっている[2]。したがって、本書のテーマであるファン・マネジ

31

メントの観点から現代のイングランドのプロ・フットボールについて研究するのであれば、こうした放映権料やライセンス料などを通じたクラブのグローバルな運営戦略について分析することが不可欠である。

しかし、サッカー協会（FA）によって1885年にプロ選手が承認されてから約120年の歴史を振り返ってみると、イングランドのプロ・フットボールを支えていたのは入場料収入であり、スタジアムに実際に足を運ぶ観客であった。テレビでの試合中継は戦後期に入り本格化するものの、実際に放映権料が収益の核になっていくのは1992年のプレミアリーグ設立以降である。ファン・マネジメントという視点でイングランドのプロ・フットボールの歴史を紐解くためには、そもそもファンという存在が歴史とともにどのように変化してきたのかを考える必要がある。

そこで本章では、イングランドのプロ・フットボールにおけるファンの歴史について分析し、ファン・マネジメントについて理解するための基礎を築くことを目的とする。具体的にはプロ・フットボールが成立した世紀転換期（1880年代～1910年代）、テレビ中継が本格的にはじまった戦間期～戦後期（1920年代～1960年代）、プレミアリーグにつながる一連の改革が行われた20世紀後半（1970年代～1990年代）の3つの時代区分を設けた上で、ファンの役割の変化についてリーグのガバナンスの変化と関連させながら論じる。ステークホルダーとしてのファンはリーグのガバナンスの中でいかなる位置付けにあり、どのようにクラブやリーグに影響を与えてきたのだろうか。

2　世紀転換期（1880年代～1910年代）：
　　プロ・フットボールの成立と「サポーター」

イングランドにおいてフットボールのプロ化が進んだのは1880年代（85年のプロ選手承認、88年のフットボール・リーグ結成）であるが、1870年代後半には選手に報酬を支払う事例、入場料を徴収する事例が見られる[3)]。フットボールのプロ化、産業化は、選手と観客の区別が明確化し、観客からの入場料収入が安定化することで始まったと言える。

入場料収入に基づく産業化は、1888年のフットボール・リーグの結成によってより明確になった。リーグ結成の目的は、より多くの観客を集めることが

可能なクラブを選別し、定期戦を開催することで（入場料）収入の安定化を図ることであった[4]。リーグが移籍規則（移籍金の支払い）や最大給与規則（給与上限を週給 4 ポンドに設定）を制定し、財政力の差が戦力差に繋がらないように指向したのも、より魅力的な競争を実現することでより多くの観客を動員するためであった[5]。実際に世紀転換期のプロ・クラブの収益にしめる入場料収入の割合は 90％前後であり、時に 10 万人を越える圧倒的な観客動員こそが創設期のプロ・フットボールを支えた[6]。スタジアムに足を運ぶ観客の大部分は熟練労働者や事務労働者であったが、クラブやリーグにとって彼らはどのような存在であったのか。

　19 世紀のクラブ設立の由来は様々（職場、学校、地域など）であるが、大部分はメンバーの会費によって運営されるアソシエイションの一種であった。その一部が選手に報酬を与えるとともに、入場料収入による安定的な運営を行うプロ・クラブになった。そこで重要なのは、1890 年代以降、イングランドのプロ・クラブは次々と有限会社化した点である。これは利益重視の運営に舵を切ったわけではなく、クラブの運営規模が拡大する中で出資者と運営陣を分離してリスク管理を図るとともに、出資を募ることでスタジアムなど設備の増強や有力選手を獲得するための資金を集めるためであった。このように 1880 年代から 90 年代にかけて、クラブの運営基盤はメンバーの会費から入場料収入と出資へと移行した。これはクラブ内部で会費を払っていたメンバーが、出資やシーズン・チケットの購入を通じて外部からプロ化したクラブを支える「サポーター」へと変化したことを示している。

　世紀転換期のプロ・クラブの出資状況をみると、クラブによって違いはあるが、平均すると 50％〜70％くらいの出資者は熟練労働者・事務労働者の層で占められていた（図 1）。出資額ベースでみると 30％〜40％程度に減少するが、シーズン・チケットを購入するとともに、小額の出資（クラブによっては 1 ポンド〜5 ポンドで株式の購入が可能）という形でクラブに関わる層も多く存在していたのである[7]。

　このように、リーグ結成による安定的な入場料収入の確保と有限会社化による出資を基盤にして、世紀転換期にイングランドのプロ・フットボールは娯楽産業としての基礎を築いた。その上で、熟練労働者・事務労働者は文字通り「サポーター」としてプロ・クラブの経営を支えていたのである。世紀転換期段階

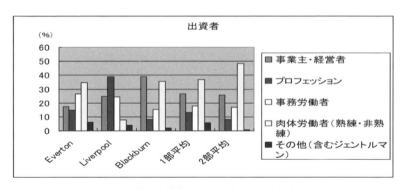

図1　世紀転換期のプロ・クラブの出資者
＊Vamplew (1988); Kennedy (2003)より作成

でのファン（サポーター）・マネジメントを考えるならば、クラブは入場者数をいかに確保するのか、一方のサポーターはシーズン・チケットの購入と出資を通じてクラブ運営の安定化に寄与できるかがポイントであった。しかし、この関係は戦間期に登場したテレビという新たなメディアの存在によって徐々に変化していく。

3　戦間期～戦後期（1920年代～60年代）：テレビが生み出した「ファン」

　戦間期に登場したテレビ放送（BBC）は、すぐさまプロ・フットボールの世界に大きな影響を与えたわけではなかった。1960年代まで、リーグは観客をスタジアムから奪う存在としてテレビを敵視していたため、リーグ戦に関しては、試合の生中継ではなくダイジェストを放送する形式が中心であった[8]。一方で、FAカップなどリーグ戦以外の試合の生中継は1930年代後半には始まっており、特に1000万人以上が視聴したと言われる1953年のFAカップ決勝、通称「マシューズ・ファイナル」は国民の記憶に深く刻まれると共に、テレビによるフットボールの試合中継という新たな文化の幕開けを感じさせた。

　実際にリーグ戦の観客動員数は1950/51年シーズンをピークに減少の一途をたどっており（図2）、入場料収入に全面的に依存する収益構造の限界が露呈し始めた。その際に、フットボールくじと共に新たな収入源として浮上してき

3 イングランドのプロ・フットボールにおけるファン・マネジメントの歴史

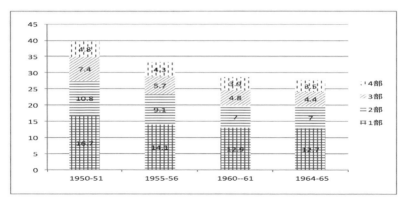

図2 戦後期のリーグ戦の年間観客動員数の変化（単位は百万人）
*PEP(1966), English Professional Football, London: Political and Economic Planning, p.107 より作成

たのがテレビ放映権料である。リーグは 1964 年に BBC との間に年間 4 万 7000 ポンド（26 試合の生中継）で放映権料契約を結んだ。この額は入場料収入（1963/64 年シーズンで年間 500 万ポンド[9]）やフットボールくじからの収益（年間約 25 万ポンド[10]）に比べれば小さいが、80 年代以降の展開を考えると非常に重要な一歩であった。つまり、シーズン・チケットを購入するなど積極的にスタジアムに足を運ぶ「サポーター」層とは違う、テレビを通じてフットボールを楽しむ「ファン」層という新たなファン・マネジメントの対象が登場したからである。

　一方で、戦間期から戦後期にかけて「サポーター」層も組織化を進め、その影響力を保った。世紀転換期の段階からクラブ単位でサポーター・クラブが結成される例はみられたが、戦間期には全国のサポーター・クラブを統括する NFFSC（National Federation of Football Supporters' Clubs）が結成され、機関誌（The Supporter）を発刊するなど全国規模での組織化が進んだ[11]。NFFSC の中核を担ったのは比較的中小規模のクラブのサポーター・クラブであり、基金を設立し、スタジアム改修や高額の移籍金が発生した時にクラブの財政的補填を行った。戦後期には賭博法の改正（1956）によってスタジアム内に設置することが許可されたゲーム・マシーンの運営を担うことで、その重要性は更に高まった。1960 年代に NFFSC に加盟するサポーターの数は 50 万人に達し、サポーター・クラブの寄付はクラブの収入の約 16％に達した[12]。ただし、NFFSC の方針と

して「支援するが、妨害はしない (to help, not to hinder)」が掲げられるなど、サポーター・クラブはクラブの運営に直接干渉することを避けていた[13]。

　戦間期から戦後期にかけてはテレビの影響もあり、クラブの収益を支える入場者数が減少する傾向がみられた。その中で、フットボールくじの収益と並んで、テレビの放映権料、そしてサポーター・クラブからの寄付が新たな収入源として注目される下地が整ったのである。これをファン・マネジメントの視点からみると、クラブと従来型の「サポーター」の連携が強まる一方で、新たなマーケットとなりうる「ファン」層をいかに獲得するのかが課題になり、テレビの重要性が高まったが、テレビ放映権料の問題は70年代以降にクラブ間の格差の拡大というジレンマを同時に引き起こすことに繋がった。

4　20世紀後半（1970年代～90年代）：プレミアリーグ改革とサポーター組織の変化

　1960年代以降、テレビの影響力は徐々に拡大していく。1966年のイングランド代表の地元開催でのワールド・カップ優勝はもちろん、ジョージ・ベストなど国民的アイドルとなっていく新たなスターたちはテレビを通じて多くのファンを魅了した。また、1970年代以降、ピッチ・サイドやユニフォームにスポンサー広告が徐々に導入されたが、これもテレビを通じて観戦する「ファン」層の存在が前提である。

　一方で、実際にスタジアムに足を運ぶ観客数は戦後期よりもさらに減少を続けた。一試合あたりの平均入場者数は、戦後期の約3万人から1980年代初頭には約2万人まで落ち込んだ。チケット代の値上げにより入場料収入自体は増えたが、1961年の最大給与規則の廃止以降、上昇の一途を続ける給与支出を考えるとクラブの収益は厳しい状況にあった（図3）。特に3部、4部のクラブの場合には入場料収入だけでは給与支出をカバーできず、運営に支障が出始めていた[14]。もちろんテレビの影響だけでなく、1970年代以降に深刻化したフーリガン問題も背景にあった。

　こうした状況下で、1980年代に入ると改革が進められていく。1983年に財政状況に関する詳細な調査を受けて作成されたチェスター報告では、拡大を続けていたフットボールくじや放映権料（1部から4部のクラブまで全てのクラ

3　イングランドのプロ・フットボールにおけるファン・マネジメントの歴史

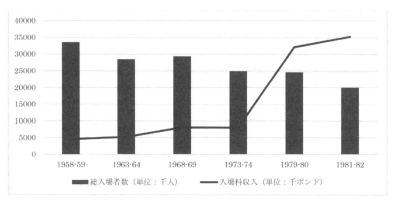

図3　1960年代〜80年代の入場者数・入場料収入の推移（1部から4部の平均）
*Chester (1983), p.12より作成

ブに平等に配分していた）収入を、上位リーグのクラブにより多く配分するように変更することなどが提案された[15]。この提案の背景には、中小のクラブの影響力が強い伝統的な運営委員会中心のガバナンスに対する、富裕な上位クラブの反発が存在した。特にタイトルを独占していた「ビッグ5（アーセナル、エヴァートン、リヴァプール、マンチェスター・ユナイテッド、トッテナム）」はいち早く株式上場を行うだけでなく、テレビ局と組んでスーパーリーグ構想を打ち立てるなど、巨大化する放映権料収入をより多く確保するための動きをみせていた[16]。

　このビッグ5の動きは1992年のプレミアリーグ結成につながり、1部リーグ（プレミアリーグ）は意思決定も収益配分も2部以下とは独立したガバナンスを行う体制へと移行した。また、プレミアリーグ結成を機に有料放送（BSkyB）へと移行することで、放映権料収入も激増した（表1）。この結果、プレミアリーグ（1部）に所属することは、莫大な放映権料、ライセンス料を獲得することを意味するようになった。

　上位クラブ主導のプレミアリーグ改革の裏で、2部以下に所属するクラブは非常に厳しい状況に置かれた。1984年のヘイゼルの悲劇、1989年のヒルズボロの悲劇などを受けてスタジアム改修が求められる中、中小のクラブは財政負担をカバーするだけの収益を確保することが難しくなっていた。

　そうした状況下で、「サポーター」層は新たな動きをみせた。特に、ヘイゼ

表1　テレビ放映権契約の推移

契約開始年	契約期間	放送主	年間契約料（£100万）
1983	2年	BBC/ITV	2.60
1985	6ヶ月	BBC/ITV	1.30
1986	2年	BBC/ITV	3.10
1988	4年	ITV	11.00
1992	5年	BSkyB	42.80
1997	4年	BSkyB	167.50
2001	3年	BSkyB	343.00
2004	3年	BSkyB	341.30
2007	3年	BSkyB/Setanta	566.70
2010	3年	BSkyB/ESPN	594.00

*Stephen Morrow (2013), History, Longevity, and Change: Football in England and Scotland, in Hallgeir Gammelsater and Benoit Senaux (eds.), The Organisation and Governance of Top Football Across Europe, New York and London: Routledge, p.54より作成

ルの悲劇を受けてリヴァプールのサポーターが中心になって結成されたFSA（Football Supporters' Association）は、上位リーグ主導の改革に疑問を唱えながら独自の運動を展開した。自作のファン雑誌（fanzine）の制作・販売を通じて全国的なネットワークを広げたFSAは、NFFSCとは違いクラブやリーグのガバナンスに積極的に干渉し、過度の商業化によるチケット代の値上げを警戒するとともに、引き続きクラブへの財政支援を行った[17]。90年代に入ると、その動きは個々のクラブベースで更に加速し、下部リーグのクラブの中にはサポーター基金（Supporters' Trust）が結成され、代表者をクラブのディレクターとして運営陣に送り込む事例もみられた。ブレア政権時代にはスポーツ省主導でフットボール・タスク・フォースが結成され、高騰を続けるチケット代などの検証が行われたが、サポーターによる「監視（ombudsfan）」もそのプロセスの中で重視された[18]。

　財源としてのメディア（テレビ）の影響力が決定的になった1980年代〜90年代にかけて、クラブやリーグ側から見ると、ファン・マネジメントの対象として「ファン」層の重要性が圧倒的に高まった。一方で、「サポーター」層はより積極的にリーグやクラブの政策・財政に干渉するようになった。まさしく、「ファン／サポーター」や「メディア」、そして「投資家」（株式上場）という

リーグ外部のステークホルダーの存在感が高まるとともに、それぞれの役割の追求がプレミアリーグの結成を機に加速したのである。

5 おわりに

　本章ではフットボール・リーグのガバナンスと関連させながら、ファン／サポーターの位置付けと役割の変化を検討した。収益構造が入場料収入中心からテレビ放映権料中心へと変化する中で、リーグのガバナンスは、中小のクラブの影響が強い運営委員会中心から、富裕な上位クラブ主導へと移行していった。その過程において、実際にスタジアムに足を運び、シーズン・チケット購入と出資を通じてクラブを支えてきたサポーター層と、テレビを通じてライトにフットボールを楽しむファン層の二極化が緩やかに進んだのである。

　以上の議論を踏まえた上で、ファン・マネジメントの歴史について展望を示して本章を締めくくりたい。プレミアリーグ結成以降、上場された株式の取得を通じてクラブの運営権を取得した外国人オーナーによる、「グローバル」な経営戦略がプレミアリーグを支えていることは否定できないだろう。一方で、1980年代後半以降、中小のクラブの「サポーター」たちは、「ローカル」な組織の全国的なネットワーク化を通じてクラブの運営により積極的に関わるようになった。この2つの流れが併存こそが重要なのである。つまり、イングランドのプロ・フットボールにおけるファン・マネジメントの本質を捉えるためには、リーグやクラブの運営戦略を追うだけでなく、変化を続けるファン／サポーターの役割を精緻に分析することが必要なのであり、多様なステークホルダーの関係性が織りなすプロ・フットボールのガバナンスの問題として考えなければならないのである。

【注】
1) プレミアリーグの場合には、セリエAやリーガ・エスパニョーラと比較すると放映権料のより平等に配分されるシステムである。詳細は以下を参照。Sean Hamil, Stephen Morrow, Catherine Idle, Giambattista Rossi and Stefano Faccendini (2011), The governance and regulation of Italian Football, in David Hassan and Sean Hamil, Who Owns Football?: The Governance and Management of the Club Game Worldwide, London: Routledge, pp.62-63.
2) David Conn, Premier League finances: the full club-by-club breakdown and verdict, The

3) プロ化直前の 1860 年代後半～ 1880 年代前半の状況に関しては以下を参照。Adrian Harvey (2005), Football: The First Hundred Years: The Untold Story, London: Routledge.
4) 当時は FA カップや地域のカップなど試合日程の過密化が問題になっていた。Charles Sutcliffe, J. Brierley and F. Howarth (1939), The Story of Football League 1888-1938, Preston: Football League, p.2.
5) なお、給与はクラブの支出の 5 割から 7 割程度であった。Wray Vamplew (1988), Pay up and Play the Game: Professional Sport in Britain 1875-1914, Cambridge: Cambridge University Press, p.84-85.
6) Wray Vamplew (1988), p.83.
7) Vamplew (1988), pp.162-165; David Kennedy (2003), The Division of Everton Football Club into Hostile Factions: The Development of Professional Football Organization on Merseyside, 1878-1914, Ph.D. thesis, University of Leeds, pp.207-214.
8) リーグは ITV が 1950 年代に提示したリーグ戦 35 試合の生中継に対する 4 万ポンドの放映権料契約を拒否している。藤井翔太（2013）戦後期イングランドにおけるプロ・フットボールの社会的文脈の変化―フットボール争議の分析を中心に―，史林 96-6, 8-9 頁。
9) Norman Chester (1983), Report of the Committee of Enquiry into Structure and Finance, London: Football League, p.12.
10) 藤井（2013）8 頁。
11) Rogan Taylor (1992), Football and Its Fans: Supporters and Their Relations with the Game, 1885-1985, London and New York: Leicester University Press, pp.24-41; Matthew Taylor (2008), The Association Game: A History of British Football, Harlow: Pearson, p.138.
12) PEP (1966) , p.137; 藤井（2013）9 頁。
13) Taylor (1992), pp.53-75.
14) Chester (1983), p.20.
15) Chester (1983), pp.viii-x.
16) Taylor (2008), pp.342-343.
17) Richard Haynes (1995), The Football Imagination: The Rise of Football Fanzine Culture, Aldershot: Arena, pp.21-30.
18) (1999), New Mutualism, A Golden Goal? : Uniting Supporters and Their Clubs, London: The Co-operative Party.

［謝辞］本研究は、日本学術振興会の科学研究費補助金（若手研究（B）15K16450）の助成を受けたものである。

4

ファジアーノの挑戦

木村 正明（ファジアーノ岡山社長）

　早いもので私がファジアーノを預かるようになってから早や9年が過ぎた。2009年からJリーグの仲間入りをさせていただいたが、それまで、人口が190万人以上いてJリーグクラブがない都道府県は、福島、長野、岡山の3つだけだったことをご存知だろうか？　私は20年間ニューヨークと東京にいたのだが、故郷岡山にどうしてプロスポーツクラブができないのだろうということをずっと感じていた。縁あって経営を引き受けさせていただくことになったが、表題の挑戦とは、順位が上に行く挑戦の意味もあるが、それよりも、自分たちは生活に必要と信じているプロスポーツの存在が、プロスポーツ不毛の地で如何に受け入れられるのかに対する挑戦。そして、プロチームがなくて良いのですか？と県民の皆様に問いたいという挑戦を意味している。

　ちょうど9年前に株式会社ファジアーノ岡山スポーツクラブを立ち上げ、数百万円の予算から出発したのだが、まだ中国地域リーグで人々の注目もたいしたことはなく、会社、商店、住宅の1件1件をまわり、こんなことしています、と正にどぶ板営業をしていた。そのときに一番言われたのが、クラブの名前がわかりにくいから興味を持ちづらい、というものであった。実は私もちょっとわかりづらいなあ、とかつて思っていた。これは単純な話で、皆さんがお聞きになったことのある名前は、既に何らかの形で商標登録されている。登録することで商品やサービスにつける名前やマークを財産として守っているのである。だから、今から新しいチーム名をつけようとすると、一度も聞いたことのない名前をつけざるを得ないのである。

　例えば、北九州のニューウェーブ北九州とロッソ熊本（ロッソ：イタリア語で赤色を表す。火の国熊本を意味)が、Jリーグ入会に伴い、ギラヴァンツ北九州、

ロアッソ熊本と名前を変えたのは、これが理由である。ジャイアンツやタイガースが名づけられた時代には、商標という概念がまだ存在しなかったのである。

「興味のないことに興味を持ってもらう」、まずはそこからスタートなので、この話を必ずといっていいほどして、「あ、なるほど」と思ってもらい、きっかけ作りにしている。では、プロスポーツそのものは、生活に必要なものなのだろうか？　いったいプロスポーツの存在意義とは何だろうか？　ワールドカップの視聴率が50％近かったこと、WBCで日本が優勝したときの盛り上がり、なでしこフィーバーを考えると、生活に必要な存在であることは論を待たないであろう。存在意義は、1つでは言い切れないと思う。「勝つ」ことだろうか？ 1つの答えだろう。「人気がある」ことだろうか？　それも答えであろう。「存在することで生活が豊かになる」「街のアイデンティティ」。それも答えだと思う。

岡山では、ファジアーノ（ちなみに、ファジアーノとは桃太郎伝説に出てくるキジのイタリア語）が会社組織になるとき、取締役5人が何度か合宿をしてこれについて意見を戦わせた。とことん話した結果、「子どもたちの夢と憧れとなるような存在」「家庭と地域と学校の三者が協働できる社会作りに貢献する」「岡山の誇りたる存在」と位置付けると共に、これをクラブの揺るがぬ存在理念としている。特に、地域の将来に対する寄与を考えた場合、子どもたちにはとことんこだわりたいという結論になった。

私自身の経験として、子どもの頃野球のリトルリーグに入っていたが、広島の自衛隊基地での試合後、相手のチームが「今からカープの試合じゃあ」と言って嬉しそうに市民球場に自転車で行く姿が今でも忘れられない。長嶋・王世代の私は大の巨人ファンだったが、まさかプロ野球の公式戦が生で見れるとは…広島の少年は何て恵まれているんだ、と子ども心に大変ショックだった。東京や海外に住み地元にプロクラブが普通に存在するのを見て、やはり必要だと確信を持ち、自分の生まれ育った街にないのは不公平だという思いに至った。だから、私個人としても子どもへのこだわりは特に強い。

そもそも、地元にプロスポーツが存在することは、2つの点で子どもたちには意味があると思っている。まずは、プロ選手からの指導を直接受ける機会が得られること。もう1つは、公共交通機関や自転車に乗ることでプロの試合を直接見ることができること。他にもあるが、この2つを徹底的に追及すること

にした。具体的な施策としては、①無料出前サッカー教室の実施、②夢パスの実現——である。

　選手は通常の試合や練習時間の他に、キャンプや遠征に行く。急な予定変更もあるので、時間のやりくりが大変だが、選手・コーチで協力しあい、株式会社ファジアーノ岡山スポーツクラブが 2006 年に誕生してから、毎年 3000 名〜10,000 名の子どもたちに無料出前サッカー教室を行っている。2008 年からは岡山県のトップアスリート事業にも認定していただき、岡山県からのサポートも受けれるようになった。2014 年も 10,000 名以上の子どもたちに指導しているので、9 年間で述べ 70,000 名以上のちびっ子と触れ合ったことになる。

　時々同行するが、ほぼ全員が、選手やコーチの登場と共に大声で運動場に出てくる。子どもたちにはエネルギーが充満していることを強く感じる。また、体を動かすことの楽しさを知ってもらい、ミニゲームを通じて他者をいたわる気持ち、あるいは勝利にこだわる気持ちを涵養してもらいたいと思っている。親御さんもいらっしゃる場合が多いので、選手には申し訳ないのだが、ファジアーノでは茶髪禁止とした。サッカーはちゃらちゃらしていて嫌いというご年輩の方は地方において少なくなく、プロスポーツ不毛の地において少しでも多くの方に応援していただけるよう、できる努力は尽くしたいと考えている。

　夢パスとは、小学生の A 席無料観戦パスである。試合会場に来た小学生には、住所と名前を書いてもらったらその場で夢パスを発行する。J リーグは無料招待を原則禁止しているから、入場料収入をスポンサー 8 社に肩代わりしていただくことによって、実現にこぎつけた。ファジアーノの現在の小学生の比率は大体 15％になっている。もちろんプロの生のプレーを見ることも大事だが、我々の思いは、資金力では勝る都会のチームに、ひたむきに挑んでいくファジアーノの選手たちの姿を目に焼き付けてもらうことである。人生には常に困難が伴い、それに挑戦していくことにこそ大きな意味がある。その生き様を体現している選手たちと子どもたちが仲間になる、というと若干言い過ぎかもしれないが、後戻りできないプロという厳しい世界に入った選手たちと子どもたちが同じような気持ちで戦うことに意味があると信じている。さらに、親子で、あるいはおじいちゃん、おばあちゃんとスタジアムに来て、「お、か、や、ま!!」と叫ぶことで、家族共通の話題になったり、地域を愛する気持ちを育む、そういうことが今の時代だからこそ必要ではないだろうか。

我々の挑戦は続いていく。経営においても、人気・資金・インフラ、いずれも地方のプロスポーツクラブには、常に困難が付きまとう。人気について考察してみると、企業スポーツが日本のプロスポーツの歴史であったことは、「全国区でなければ応援しない」という応援文化を生み出した。自分の地域のクラブを応援するという文化が余り存在しなかったように思われる。例えば、東京に本拠がある読売巨人軍を、自分の地元じゃないから応援しないという人は少ないだろう。阪神タイガースを応援している人も然り。スペインに行き、バルセロナ以外の住人でFCバルセロナを応援している人を探すのは難しいし、ニューヨーク以外の住人でヤンキースを応援している人を探すのは困難である。だいたい皆地元のクラブ・球団を応援している。実は、世界のプロスポーツで企業名がクラブ名につくのは、日本・韓国・中国のみである。シカゴブルズ、シアトルマリナーズ、マンチェスターユナイテッド…海外のクラブは、都市名と愛称のセットなので、「全国区」を作りようがない。この理由において、日本においては、マイナーな地方クラブは、実はその地元から応援してもらうことが難しいという困難に直面する。

　ファジアーノも、現在観客動員数J2リーグ22クラブ中6位で、おかげさまでJ1未経験クラブとしては非常に多くの集客をいただいているが、県内に住む多くの人がまだクラブに対して無関心であることを痛感させられる。

　資金面、インフラもまだまだ改善の余地がある。紙面の関係上ここでは触れないが、1点だけ、Ｊリーグの基本理念である「百年構想」を紹介させていただく。この理念は、ひとことで言うと、「スポーツで、もっと、幸せな国へ」。3つのアクションプランとして、「あなたの町に、緑の芝生に覆われた広場やスポーツ施設をつくること」「サッカーに限らず、あなたがやりたい競技を楽しめるスポーツクラブをつくること」「観る、する、参加する。スポーツを通して世代を超えた触れ合いの輪を広げること」がある。時間はかかるが、インフラ・スポーツ施設を整えていき、世代を超えた触れ合いの場がスポーツを通じて広まること。インフラといっても、ちゃんとしたものがない間は、広場、公園、小学校をどう活用するかが大切である。

　また、かつて日本においては、「する」だけがスポーツであった。本来「スポーツ」とはsportsの単数形sportであるが、s＋portに分けられる。sとは「離れていく」という意味の接頭語、「port」は港、転じて日常とか仕事。要は、

いつもの日常から解き放たれて自分自身を取り戻す、あるいは自分らしくなる、というのが本来の「スポーツ」の語源である。

　欧米・中南米の週末の過ごし方は、教会に寄ったあと地元クラブの応援に1人で、あるいは、家族揃って出向く。昨年の地元紙に、「ファジアーノがあるから岡山で就職することを決めた」という岡山大学生のコメントが載り、多くの方から喜びの連絡をいただいた。

　プロスポーツクラブの存在があることで、地域に住む多くの人々が幸せを感じることができれば、これ以上の喜びはない。困難は伴うが、地元の多くの方々と協力しあうことで、100年続くクラブに育ってもらいたいと願っている。これからも、おらが街のクラブ「ファジアーノ岡山」に熱き声援を頂き、年に1度でいいので、スタジアムに家族揃っていらっしゃり、岡山の誇りを背負う選手たちと共に戦える環境を作るべく、スタッフと頑張りたいと思っている。

5

臨場感か、安全性か
＝プロ野球の課題を考える

佐野 慎輔（産経新聞社）

1 なぜ人は競技場に行くか

　なぜ、人は「スタジアム」や「ボールパーク」とよばれる競技場に足を運ぶのだろうか。
　テレビ技術の進歩は、「みる」行為を容易にした。わざわざ競技場に足を運ばなくともスポーツの機微を味わうことを可能にした。観客席からはのぞき込むことのできない細部まで、カメラを通して「みる」ことができ、視聴者は何にも妨げられず、様々な視点からプレーを判断するようになった。自分が選手や監督、時には審判になって試合に参加し、時にはスロー再生や解説者の説明、選手や球団等の情報が加われば、独自な楽しみを展開できる。いまや、お茶の間の前が最良の観客席といえるかもしれない。テレビはもはや、競技場に行くことができない人のための補完的な役割ではない。
　今後さらに、ソーシャル・ネットワーク・サービス（SNS）など「みる」環境が整備されると、もはや競技場に行かなくともよいのではないか、という思いにすらかられてしまう。
　しかし、それでもわれわれは競技場に足を運ぶ。例えばラグビー。2015年ワールドカップ・イングランド大会での五郎丸歩選手を中心とした日本代表の活躍は、それまで見向きもしなかった層を競技場に誘った。この冬のトップリーグはかつてない盛況だった。そこには旬な話題に触れ、「生の興奮を味わいたい」という観客の思いがある。素直な感情の発露といってよい。競技場での観戦の醍醐味はこの「生の」感覚にあると語られてきた。

グラウンド内のプレーを「みる」だけではない。例えば、スタジアムだ。最寄りの交通機関を降りて入場口までに進むまでに興奮が高まっていく。そして見上げたスタジアムの雄姿、まずそこに目を見張ることだろう。競技場のなかにはいると、目の前にあるグラウンドの広がり。案外狭いと想う人もいれば、断然広いと感じる人も、人それぞれの思いがあろう。観客の動きや応援席とよばれる特異な空間、時には売り子さんなどもすぐに目に飛び込んでくるはずだ。
　音はお茶の間での予想を遙かに上回るだろう。応援団の鳴り物、観客の声、何よりボールやバット、ラケットなどから発せられる音。グラウンドやコートを蹴る音に、人がぶつかり合う音。人はこんなにも凄い音を立ててぶつかるのか、秩父宮ラグビー場や国技館にいくといつも驚かされる。ボクシングの"骨が軋む"ような音は格別だ。選手への拍手や声援に交じって、ヤジも聞えてくる。絶妙な間合いでのウィットの効いたヤジは場の空気を和ませてくれる。
　空気というのはテレビでは味わえない最高の感覚かもしれない。熱気と言い換えたい。五感の重要な要素である匂いはどうだ。土や芝の匂いは天候に左右される。湿った匂いに乾いた匂い、その空気を胸一杯に吸い込んでみるとよい。競技場に来ているという感覚を新たにしてくれるだろう。もしか、どこかの野球場にいたら、ホットドッグの焼き上がる匂いや焼きそばのいい香りが胃袋を刺激するかもしれない。球場でしか味わえない。ボクシングのリングサイドは、汗や時には血まで降りかかってくる。なぜこの席を求める人が多いのか、理由はわかるだろう。
　関西大学大学院の杉本厚夫教授はスタジアムにおける観戦について、こう記している。

「まず、スタジアムでの応援は、プレイヤーと同じ空間を共有していることから、自分の応援がプレイヤーとの一体感を実感することができるからである」(『体育の科学』2015年10月号・杏林書院)

　応援による一体感の醸成は、結果的に選手だけに向けられたものではない。贔屓のチームを応援している観客同志の共感、共通の仲間意識を生みだしているともいえよう。それは知人という枠を超えて共有されるクリスマスや年越しなど、渋谷駅周辺で繰り広げられる若者の心情にどこか似てはいまいか。場の

共有、空気とも雰囲気ともいわれるものは媒体では味わえない。それが人々を競技場に導いているのかもしれない。

2　観客動員に知恵を絞る

　観客を動員したいと考えているのはプロフェショナル・スポーツだけではない。アマチュア競技団体も同様で、観客を数多く集めたい。観客が支払う入場料という対価が、組織としての収入の多くを占めているからだ。ただ、アマチュア競技団体の場合、登録料あるいは公的な資金に支えられており、かつ組織運営費用も決して巨額とはいえない。

　しかし、プロ・スポーツはリーグ、球団を運営、存続させていくためには多額な資金が必要である。直接的な公的支援はなく、多くは親会社からの支援に頼るものの、放送権料やスポンサー、グッズ販売、とりわけ入場料収入は経営における大きな柱だといえよう。したがって、プロ・スポーツの立場では数多くの観客を集めることは運営、存続を円滑にする重要な課題となってきた。観客向けの呼びかけ、サービスはあたりまえ、いかに増員できるか、知恵を絞ることは当然の帰結である。

　なぜ、競技場に足を運ぶのか、観客の動向を調べると、一つの答えが浮かんでくる。「臨場感」である。「観客、とりわけ熱心な観客ほど臨場感を求めているのではないか」。

　ファン離れへの危機感から、改革を求めていた2004年から05年頃、プロ野球界でよく耳にした。1993年、プロサッカー・リーグのJリーグが誕生、若い年齢層を中心に人気が沸騰し、プロ・スポーツでは孤高の存在だったプロ野球を脅かしかねない勢いを見せていた。そこに04年、球界再編問題と史上初となる選手会によるストライキが加わる。長く続いてきたプロ野球の根幹を揺るがしたことはいうまでもない。簡単に振り返っておく。当時、日本経済はバブルがはじけ、経済界は厳しい経営環境にあった。2リーグが分立した1950年からバファローズ（当初はパールズ）を経営してきた親会社・近畿日本鉄道の経営状況が悪化、球団の身売り話が持ち上がった。2004年初頭は、近鉄の看板を外し「命名権」売買を検討、頓挫すると同じ関西のオリックスとの合併に傾いていく。この間、球団数を縮小し1リーグ制に移行するという球界再編論

が浮上。観客動員、放送権収入等で、より厳しい状況に置かれていたパ・リーグ球団に賛成論が強まった。

一方、労働組合・日本プロ野球選手会は合併に反対し、ストライキ権を確立する。合併の1年間凍結を求める選手会側に対し、オーナー会議は9月8日、合併を承認した。合併差し止めを求めた選手会側の仮処分が東京高裁から却下され、9月18、19の両日、日本球界初のストライキが決行された。その後、「12球団制の維持」「新規参入球団への積極的な協力」などで合意。終結はしたものの、プロ野球界へのファンの失望の声が渦巻いた。

春先から優勝争いの佳境まで続いた騒動による損害に加え、球界は信頼の失墜という甚大な被害を被った。これが初めてファンを強く意識するきっかけとなり、改革に向かわせる遠因となるのである。

一方、04年オフにはIT業界から楽天が新規参入、仙台を本拠地として東北楽天ゴールデンイーグルスが誕生。さらに同じIT業界の雄、ソフトバンクが経営難に陥ったダイエーからホークスの譲渡をうけ、福岡ソフトバンクホークスとして新たに出発した。余談ながらIT業界からはその後、2011年にディー・エヌ・エーがTBSから譲渡された、横浜DeNAベイスターズの経営に乗り出している。この後発の産業を親会社とする球団が現在、観客動員に対して次々と新しい方策を提案、推進している。

05年、球界はファンを意識した改革を導入した。そのひとつが入場観客数の実数発表である。04年まで、プロ野球は概数しか発表していない。球団側が一方的に発表、根拠が示されることはなかった。キリのいい数字が並び、球場の収容人員より入場者数が遙かに多いことの理由である。後者については、「前半、後半で入れ替えがあった」とか「球場周辺施設への入場者数もカウントした」などと"言い訳"さえ聞かれた。プロ野球は1954年の国税庁通達によって、赤字を親会社の広告・宣伝費として計上することが許されていた（現在も）。したがって、正確な入場者数を公表するよりも親会社に頼る方が手っ取り早く、観客概数発表でイメージを守ることが優先されていたと考えられる。

後発のJリーグは当初からカウンターで入場者数を計測し、「正確な」数字を発表していた。勢い、Jリーグと比較してプロ野球の姿勢は不透明だとの批判が吹き出したことでようやく重い腰をあげたことも指摘できよう。

市場調査を専門とする株式会社インテージが15年9月8〜10日、全国5万

5 臨場感か、安全性か＝プロ野球の課題を考える

図1　プロスポーツに対する態度
資料：㈱インテージによる。詳細は本書10章を参照。

2395人（20〜69歳男女個人）を対象にプロ野球およびJリーグに関する観戦動向を調べた結果がある。TV観戦、情報収集、スタジアム観戦、有料放送観戦、ファンクラブ加入の5項目とも野球への関心度が高かった（図1）。

3　『臨場感』という"魔物"がいた

05年、大きく変わったもうひとつの現象が球場の改造である。「みる」ことを強く意識した改革の始まりであった。こうしたものには先例がある。いうまでもなく米国の大リーグである。スポーツ産業が発達した米国の、しかも人気スポーツらしく観客が強く意識されている。ニューヨークのヤンキースタジアムでも、ボルティモアのカムデンヤーズでも、内野の観客席とフィールドとの距離が近い。さらに多くのスタジアムではバックネット以外には防球ネットはなく、選手と観客との一体感を醸成する土壌となっていた。手慣れた観客はグローブを用意、打球が飛び込んでくるのを待ち構えている。上手にキャッチすると観客席から大きな拍手がわき、スクリーンに映し出されてヒーローのような扱いさえ受けるのだ。こうした臨場感が大リーグ観戦の特徴となって久しい。

日本球界もここに着目した。1つはフィールド席の"前進"である。選手と

51

の距離感を縮めるため、観客席を前に押し出した。フィールド上で選手と同じ視線に立たせるための工夫ともいっていい。05年、読売巨人軍の本拠地・東京ドームで設けられた「エキサイトシート」を嚆矢とする。新規参入の東北楽天の本拠地・宮城スタジアムも「フィールドシート」として続いた。以後、各球団の要請で導入が広がり、現在では東京ヤクルトスワローズの明治神宮野球場、中日ドラゴンズのナゴヤドーム、阪神タイガースの阪神甲子園球場を除いた9球団の本拠地スタジアムで導入されている。もちろん、これらフィールド・レベルの観客席設置に関しては各球団、球場ともヘルメットの着用を義務づけ、捕球用にグローブも置かれている。安全対策は、しかし、万全だろうか。ヘルメット着用を守らない観客も依然、後を絶たない。

　もう一つが防球ネットの撤去、あるいは高さの調節、つまり低くする対応である。05年、まず横浜スタジアムがバックネット以外の防球ネットを撤去した。翌06年には北海道日本ハムの本拠地・札幌ドームも続いた。ネットがあると確かにプレーはみづらい。ネットがなければもっとプレーがみやすくなるし、臨場感が味わえる。指摘は以前からあった。他方、それでは安全性が担保できないとして抑えられてきた経緯もあった。やはり、危機感によるファン対策として、臨場感に活路を見いだしたということか。ところで、手慣れた大リーグの観客はグローブをはめていると前述した。グローブは一義的には観客席に飛び込むボールを獲るためだが、もう1つは身を守るためだ。彼らはヘルメットも被ってくる。ベースボールをナショナル・パスタイム（国民的娯楽）とする米国の野球ファンは「ボールの怖さへの認識も親から子、子から孫へと伝えられている」と大リーグ通で知られた元パ・リーグ広報部長、パンチョこと故伊東一雄さんから教わった。

　安全性か、臨場感か。最近再び目にするようになった問題は、球界をあげて観客動員に舵を切ったところから始まったといえよう。

4　ファウルボール訴訟が起きた

　臨場感よりも、まず安全性を担保せよと問題提起されたのは、2015年3月26日、札幌地裁で申し渡された判決である。この判決に至る経緯を時系列で紹介する。

5 臨場感か、安全性か＝プロ野球の課題を考える

　10年8月21日、札幌ドームで行われた北海道日本ハムファイターズ対埼玉西武ライオンズ戦で、試合を観戦していた30代の女性がスタンドに飛び込んだファウルボールの打球を顔面に受け、右顔面骨骨折および右眼眼球破裂の傷害を負った。女性は一塁側内野席10列目でファウルボールが飛び込みやすい座席にいた。むずかる幼い次男に気を取られて降ろしていた顔を、あげたときに打球をうけたという。

　右眼を失明した女性は、スタジアムの所有者である札幌市、札幌ドーム、北海道日本ハム球団を相手に『通常有すべき安全性を欠いていた』として4659万5884円の損害賠償を求める訴訟を起こした。札幌地裁は15年3月、「臨場感の確保に偏したものであり、観客の安全を確保すべき要請への配慮を後退させた」として、原告の訴えをほぼ認め、3者に4195万6527円の支払いを命じた。北海道日本ハムらは判決を不服として4月7日、札幌高裁に控訴した。札幌高裁は16年5月20日、一審の札幌地裁判決を変更し、日本ハムに約3360万円の支払いを命じた。札幌市、札幌ドームへの請求は棄却した。佐藤道明裁判長は「安全性を欠いていたとは言えない」とする一方、球団側の安全への配慮が不十分、女性側にも過失があったと指摘した。同高裁は昨年、和解勧告していたが、和解協議では双方の主張が折り合わなかった経緯がある。

　これまでも、ファウルボール等による負傷を理由とした訴訟があった。しかし、いずれも請求棄却、控訴棄却の判決が下りている。

① 11年2月24日、仙台地裁は08年に宮城スタジアムで起きた同様のファウルボール打球の直撃で男性が右眼眼球破裂による視力低下を理由に、東北楽天に対する4421万8686万円の損害賠償請求を棄却。同年10月14日、仙台高裁も控訴を棄却した。

② 11年10月28日には、千葉地裁が、日本ハムの鎌ヶ谷スタジアムで打撃練習中にスタンドに飛び込んだ打球で失明した女性の損害賠償請求を棄却した。

③ 14年1月30日、神戸地裁尼崎支部は阪神甲子園球場での試合中、投手が投げた球を打った打者のバットが折れ、木片が内野席で観戦していた女性の頬に突き刺さり負傷したとする損害賠償請求を棄却した。

　なぜ、球団に重い責任を負わせる判決には至らなかったのだろうか。日本野球機構は2005年「試合観戦契約約款」を策定し、免責条項について言及して

いる。その前提として、「試合観戦契約は、試合観戦を希望する者が、正規の入場券を取得したとき本約款に基づき成立する」と契約の成立に関して明言している。試合観戦は相互の契約のうえになりたち、免責条項を理解したうえで入場券を購入しているという解釈なのである。

　第13条（責任の制限）は「主催者及び管理者は、観客が被った以下の損害の賠償について責任を負わないものとする」とあり、「(1) ホームラン・ボール、ファール・ボール、その他試合、ファン・サービス行為又は練習行為に起因する損害」「(3) 球場施設に起因する損害」と明記される。第13条は引き続き、2項で「主催者又は球場管理者が負担する損害賠償の範囲は、治療費等の直接損害に限定されるもの」とし、3項で「観客は、練習中のボール、ホームラン・ボール、ファウルボール、ファン・サービスのために投げ入れられたボール等の行方を常に注視し、自らが損害を被る事のないよう十分注意を払わなければならない」と自己責任について言及している。プロ野球各球団はこの「約款」に準拠し、それぞれ「約款」を策定、例えば日本ハム球団ではHPで公開もしている。また各球団では安全確保策として、①オーロラビジョン等の大型画面での注意喚起、②球場内各所での注意の掲示、③入場券裏面にファウル打球への注意等についての記載、④場内放送による注意喚起、⑤警備員の笛による注意喚起を行っている。入場券にも記載され、大型スクリーンなどでも注意喚起しているから安全性の確保は問題はない。後は「自己責任」とする考え方だ。日本のお手本である大リーグが長年とってきた態度であり、根本に「自己責任ルール」が存在する。自己責任ルールでは最低限、バックネットを設け、入場券の裏面に警告文を掲載すればよかった。日本ハムはこうした事例をもとに控訴し、各球団は日本ハムを支援する姿勢をとった。

　では、札幌地裁は今回のケースとよく似た①の仙台地裁の先例もあるにもかかわらず、どこを重視しての判決だったのだろうか。大きくいえば、野球のボールの危険性の認知があるかないかではないか。プロ野球側は、観客はファウルボールの打球が観客席に飛び込む可能性を認知し、ボールは危険であるとの認識にたって、自らボールの行方に注意を払うべきだとの前提にたっている。先例はこれに依ったかたちである。

　一方、札幌地裁判決は観客のすべてが野球に関する知識を保有しているとはいえず、ルールを熟知しているともいえない。まして介助的に初めて球場に来

5　臨場感か、安全性か＝プロ野球の課題を考える

た観客や幼児には従来の注意喚起だけでは安全性確保を十分といえないと断じた。すべてのボールを追う前提も現実的ではないとしている。観客に求められる範囲、大きさへの認識がプロ野球側と異なり、より観客それもライト・ユーザーと呼ばれる初心者や年少者、女性に寄り添った判決だったといえよう。半面、プロ野球側の「臨場感」を求めるファンの声に配慮した経営姿勢には批判的であった。

5　プロ野球の危機を救った臨場感

　手元に両リーグの年度別入場者数の表がある。実数発表、球場改革に乗り出した05年の入場者数は、セ・リーグが438試合で1167万2571人、1試合平均2万6650人であった。前年の04年は414試合にも拘わらず1377万人、1試合平均3万3261人と過去最多を記録していた。パ・リーグも同様、04年の399試合1068万4000人、1試合平均2万6800人の最多入場者数から、05年は408試合825万2042人、1試合あたり2万226人まで落ち込んだ。いうまでもなく、前年の騒動で嫌気がさしたファンのプロ野球離れである。

　ところが、大幅に下落した観客動員はその後、球団のファン獲得に向けた努力が奏功して順調に回復。15年はセ・リーグが429試合で1351万900人、1試合平均3万1494人と05年からの11年間で初めて3万人の大台に乗せた。一方のパ・リーグも429試合で1072万6020人、1試合平均2万5002人と最近11年で最多、初の2万5千台を記録した。一時期、衰退がいわれたプロ野球人気が復活、数字とマスコミ報道を見る限り、プロサッカーのJリーグの追随も許してはいない。そんななか、札幌地裁、続く高裁の判決はプロ野球人気回復に水を差すのか、それとも新たな方策による、さらなる活性化を生みだすきっかけとなっていくのか、今後の動きを注目したい。

　前述の株式会社インテージは20～69歳の男女、4864人に対し、新たな調査を実施した。2016年1月11～13日実施の調査ではⅠ・ボールの危険性に対する認識、Ⅱ・ボールの危険性に対する球場の取り組み認識、Ⅲ・観戦中にプレーから目を離すか、Ⅳ・プレーから目を離すとしたらどんなシーンか、Ⅴ・スタジアムへの期待感を調べた。

　Ⅰは回数別と年性別に別けて調査、1年間に球場観戦8回以上のヘビー層は

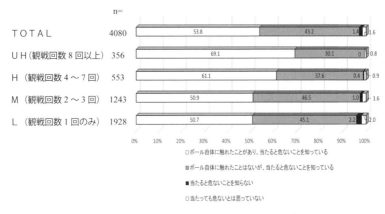

図 2-1　ボールの危険性に対する認識（回数別・プロ野球）

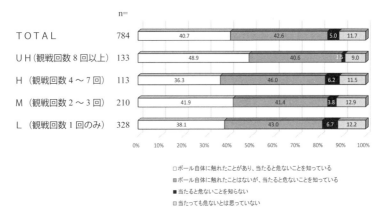

図 2-2　ボールの危険性に対する認識（回数別・Jリーグ）

　69.1％が「ボール自体に触れたことがあり、当ると危ないことを知っている」と回答、1回のみの50.7％よりも高い率を示した。総じて高い比率で「当ると危ない」との認識があった（図2-1、2-2）。性年代別では、札幌での訴訟原告と同性年代の女性30-39歳が最も「当ると危ない」という認識が薄い（といっても3.3％だが）ことがわかった（図3-1、3-2）。

　Ⅱの球場の取り組みでは90％以上が「場内でのアナウンス」を認識しており、次いで「場内ビジョンや案内板への記載」（69.3％）となっているが、その他の認識は回数別（表1）、性年代別（表2）でも驚くほど低い。安全確保のため

5 臨場感か、安全性か＝プロ野球の課題を考える

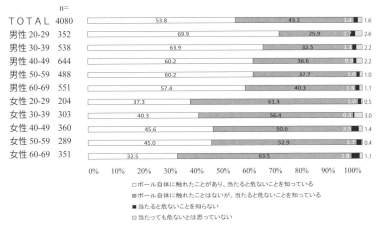

図3-1 ボールの危険性に対する認識（性年代別・プロ野球）

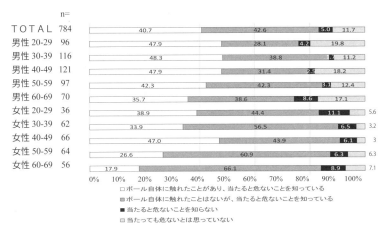

図3-2 ボールの危険性に対する認識（性年代別・Jリーグ）

の案内は現状に甘んじることなく、さらなる工夫が必要だろう。

Ⅲでは性年代別にプレーから目を離すか否か聞いたが、「ほとんど離すことはない」と答えた人の比率は極めて低い（図4-1、4-2）。理由としては「飲食」79.1％、「周囲との会話」69.5％、「携帯電話、スマートフォン利用」45.0％、「子供の世話」16.9％となっている（表3）。球場での飲食は、野球観戦の醍醐味の一つであり、それが規制されることは楽しみを奪ってしまいかねない。球場、球団の財源確保にも影響が出よう。今後ますます増えるであろうスマートフォ

57

表1 ボールの危険性に対する球場の取組み認識（プロ野球：回数別）

	n=	場内でのアナウンス	場内のビジョンや案内板への記載	チケットの裏面への記載	球場／スタジアムのホームページ	チームのホームページ	協会・機構のホームページ	その他具体的に	全く知らない
TOTAL	4080	91.1	69.3	24.5	14.4	7.8	5.7	1.2	3.0
UH（観戦回数8回以上）	356	93.5	78.7	38.8	25.6	17.1	13.8	2.5	1.4
H（観戦回数4〜7回）	553	95.3	74.5	28	17.7	11.6	6.7	1.3	1.1
M（観戦回数2〜3回）	1243	92.9	70.4	24	13.7	6.9	4.7	1.1	2.3
L（観戦回数1回のみ）	1928	88.9	65.4	21.1	11.9	5.5	4.7	1.0	4.3

表2 ボールの危険性に対する球場の取組み認識（プロ野球：性年代別）

	n=	場内でのアナウンス	場内のビジョンや案内板への記載	チケットの裏面への記載	球場／スタジアムのホームページ	チームのホームページ	協会・機構のホームページ	その他具体的に	全く知らない
TOTAL	4080	91.1	69.3	24.5	14.4	7.8	5.7	1.2	3.0
男性 20-29	352	88.4	77.3	34.7	22.2	11.6	10.5	0.9	3.4
男性 30-39	538	87.2	76.4	30.3	17.5	9.3	8.7	0.9	3.3
男性 40-49	644	92.2	73.9	29.5	17.5	8.5	6.5	1.2	1.9
男性 50-59	488	92.4	69.1	24.2	11.5	5.3	3.1	1.4	1.4
男性 60-69	551	93.6	59.7	16.9	10.7	6.0	4.5	1.3	2.0
女性 20-29	204	90.7	70.1	21.6	16.2	9.3	8.3	0.0	3.4
女性 30-39	303	91.7	74.6	23.8	12.2	7.6	4.0	1.0	3.3
女性 40-49	360	90.8	71.7	25.6	12.8	8.1	4.7	2.2	5.0
女性 50-59	289	90.3	63.3	21.5	13.8	7.3	3.8	1.4	4.5
女性 60-69	351	92.9	55.0	12.0	9.4	5.7	3.1	1.4	4.0

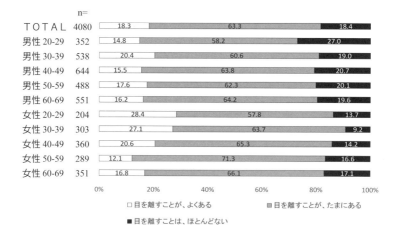

図4-1 観戦中にプレーから目を離すか（プロ野球）

5 臨場感か、安全性か＝プロ野球の課題を考える

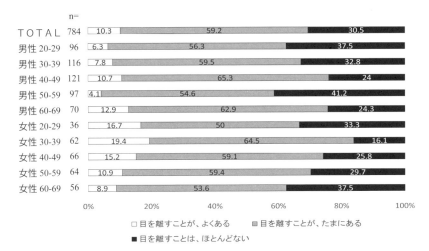

図 4-2　観戦中にプレーから目を離すか（Ｊリーグ）

表 3　観戦中にプレーから目を離すシーン（プロ野球：目を離すことがよくある人の回答）

	n=	飲食しているとき	周囲の人と会話をしているとき	携帯電話やスマホを利用しているとき	子どもの世話をしているとき	手元で実況中継を見ているとき	その他具体的に
ＴＯＴＡＬ	745	79.1	69.5	45	16.9	7.1	3.1
男性 20-29	52	67.3	65.4	57.7	19.2	23.1	3.8
男性 30-39	110	78.2	68.2	54.5	18.2	6.4	0.9
男性 40-49	100	75	66	46	24	9	1
男性 50-59	86	83.7	66.3	37.2	4.7	33.5	2.3
男性 60-69	89	83.1	70.8	25.8	10.1	7.9	4.5
女性 20-29	58	75.9	84.5	58.6	12.1	8.6	5.2
女性 30-39	82	81.7	62.2	53.7	29.3	2.4	4.9
女性 40-49	74	79.7	71.6	51.4	27	2.7	4.1
女性 50-59	35	82.9	71.4	42.9	5.7	5.7	0
女性 60-69	59	81.4	76.3	22	10.2	6.8	5.1

ン対策とともに悩ましい問題ではある。

6　『臨場感』も、『安全性』も

　球界はさしあたり、現状を変化するつもりはない。ただ、安全性確保は臨場感の維持とともに今後へ大きな課題と捉えている。前述した大リーグでも、最近少し変化が起き始めている。14 年、ジョージア州の裁判所がアトランタ・

ブレーブスの本拠地で10年に起きた事故に対し、提訴を棄却しないとの判断を下した。これは6歳の少女に打球が直撃、頭蓋骨骨折で脳を損傷した事故で、6歳の女児にどこまで「自己責任ルール」が適用できるかを考慮したものと思われる。

また、マイナーリーグで起きた事故から、ニューメキシコ州が「自己責任ルール」を拒否すると宣言、アイダホ州の最高裁は球団の主張を却下した。

いうまでもなく「自己責任」は100年前にできたルールであり、現実に対応できなくなっている。マイナーリーグでの事故は、100年前には想定もされなかったピクニック・エリアなどイベント・エリアで起きたものだった。エンターテインメント性をたかめ、よりボールパークに近づくほど、観客の集中度を下げる可能性は否定できない。

大リーグでは年間約1750人もの観客が打球による事故で負傷しているという。そうした状況下、15年11月19日、テキサス州ダラスで開催されたオーナー会議は16年シーズンからスタジアムの防球ネットを増設する方針を決めた。多発する事故を重視し、臨場感から安全性担保へシフト転換を模索し始めた。エンターテインメントとしてのボールパークを突き詰めていけば、そうした変革は当然の帰結なのかもしれない。

臨場感重視で進んできたここ10年の日本のプロ野球も、最近、考えられているのはファンに楽しんでもらう工夫だ。長く球場に留まってもらえば、それだけ客単価が増えていく。イベントを工夫し、付加価値を高めていけば滞留時間が増えて、新たなファン開拓にも結びつく。まさに球団の営業努力のしどころであろう。ただし、こうしたファンはあまり野球を知らない。ましてや、硬式ボールの堅さをどこまで認識しているか、疑問は残る。かつて現役時代の巨人・江川卓投手は当時の多摩川グラウンドでの練習の際、近くに報道陣がいると決して投球練習をしなかった。あの頃の多摩川のブルペンは生け垣で囲われただけ、もしボールが逸れて誰かに当れば確実に負傷させてしまう。江川投手は細心の注意を払って練習していたことを覚えている。東京ドームに改築前の後楽園球場記者席はごく稀に、バックネットを超えた打球が飛び込んできた。ある日、近くにあった新聞社の席に置かれていた黒電話に打球が命中、受話器は見事に粉砕された。また、打撃練習中、近い場所から撮影していたテレビ局のカメラを打球が直撃、1000万円もするカメラは使用不能になった。

5　臨場感か、安全性か＝プロ野球の課題を考える

　以上は私の経験談だが、1972年、第1回日米大学野球で送球を頭部に受けた早大・東門明選手が死亡した事件は痛ましかった。一塁走者だった東門選手は次打者の内野ゴロで二塁に走った際、併殺の送球を受けて昏倒し病院で息を引き取った。硬式ボールの怖さである。日本代表は東門選手がつけていた背番号「13」を永久欠番としている。ファンを対象にしたイベントではぜひ硬式ボールの堅さを教えてもらいたい。安全性確保のため野球観戦の危険性や試合への集中など「観戦マニュアルの策定と情宣」にも言及していく必要があるだろう。

　株式会社インテージの調査Ｖ、スタジアムへの期待として上がった順位は、いずれも1：座席からの見やすさ、2：球場・スタジアムの安全対策、3：競技するフィールドとの近さ、4：選手・監督との距離感となった（表4、5）。ここに上がった傾向はもっと深く考察しなければならないが、少なくとも「安全

表4　球場／スタジアムへの期待点（プロ野球：2つまで選択）

	n=	競技するグラウンド・フィールドとの近さ	座席からプレーの見やすさ	球場／スタジアムでの選手や監督・コーチ陣との距離感	球場／スタジアムの安全対策
ＴＯＴＡＬ	4080	43.5	58.9	40.6	47.1
ＵＨ（観戦回数8回以上）	356	52.5	63.2	49.7	52.5
Ｈ　（観戦回数4～7回）	553	46.8	63.3	47.2	51.0
Ｍ　（観戦回数2～3回）	1243	45.5	58.1	41.7	48.6
Ｌ　（観戦回数1回のみ）	1928	39.6	53.2	36.4	44.0

	n=	競技するグラウンド・フィールドとの近さ	座席からプレーの見やすさ	球場／スタジアムでの選手や監督・コーチ陣との距離感	球場／スタジアムの安全対策
ＴＯＴＡＬ	4080	43.5	56.9	40.6	47.1
男性 20-29	352	48.0	59.9	41.5	41.5
男性 30-39	538	46.5	57.8	43.7	40.7
男性 40-49	644	46.9	55.6	43.0	42.4
男性 50-59	488	40.8	55.5	39.8	43.2
男性 60-69	551	39.0	55.0	33.2	46.5
女性 20-29	204	40.7	57.8	40.2	12.2
女性 30-39	303	40.6	51.2	37.0	50.5
女性 40-49	360	45.3	63.1	45.8	59.2
女性 50-59	289	44.6	59.5	45.3	54.7
女性 60-69	351	40.7	55.8	37.6	59.0

表5 球場／スタジアムへの期待点（プロ野球：2つまで選択）
※目を離すことがよくある人の回答

	n＝	競技するグラウンド・フィールドとの近さ	座席からプレーの見やすさ	球場／スタジアムでの選手や監督・コーチ陣との距離感	球場／スタジアムの安全対策
ＴＯＴＡＬ	745	40.8	55.6	35.8	46.0
ＵＨ（観戦回数8回以上）	68	45.6	58.8	47.1	57.4
Ｈ（観戦回数4〜7回）	100	39.0	63.0	39.0	37.0
Ｍ（観戦回数2〜3回）	209	42.6	56.5	37.3	47.4
Ｌ（観戦回数1回のみ）	368	39.4	52.4	32.1	45.7

	n＝	競技するグラウンド・フィールドとの近さ	座席からプレーの見やすさ	球場／スタジアムでの選手や監督・コーチ陣との距離感	球場／スタジアムの安全対策
ＴＯＴＡＬ	745	40.8	55.6	35.8	46.0
男性 20-29	52	53.8	61.5	46.2	46.2
男性 30-39	110	43.6	58.2	40.0	42.7
男性 40-49	100	45.0	55.0	43.0	43.0
男性 50-59	86	46.5	58.1	33.7	39.5
男性 60-69	89	41.6	59.6	30.3	47.2
女性 20-29	58	37.9	56.9	37.9	48.3
女性 30-39	82	28.0	39.0	24.4	37.8
女性 40-49	74	37.8	52.7	31.1	56.8
女性 50-59	35	37.1	68.6	54.3	68.6
女性 60-69	59	33.9	54.2	27.1	47.5

対策」は高い比率を占めている。一方、見やすさには臨場感も含まれるかもしれない。その分析が必要であろう。安全性に完璧を期すならば、客席を防球ネットで覆うしかない。しかし、臨場感を求める球場のファン・マネジメントの流れと逆行、ファンの「見やすい」思いをそいでしまう。ならば、アイスホッケー場のような高い強度、硬度の透明ボードを採用してはどうか。設備費用の関係で現実的ではあるまい。警備要員の増員も人員確保の難しさと「見やすさ」との相反もあって必ずしも実現可能とはいえない。『臨場感か、安全性か』ではなく、これからの流れは『臨場感も、安全性も』であることは疑うべくもない。主催者、つまり球団もっといえば球界には観客を守る観点が求められる。少子高齢化社会でのプロ野球界が、こうした点に留意し変貌を遂げていくか。臨場感と安全性を合わせ持つ発想への転換は、日本プロ野球に突きつけられた大きな宿題だといっていい。

6 スワローズ(ヤクルト球団)の チケットマーケティングを 起点としたファン・マネジメント

伊藤 直也（ヤクルト球団営業企画グループ課長）

1 私のバックグラウンド

　まずは私の知識、経験の元となったバックグラウンドから説明させていただく。スポーツビジネス、スポーツマネージメントという言葉を様々な所で目にするようになり久しく経つが、私にとってのスポーツビジネスは、観戦スポーツとしての興味からスタートした。私が高校から大学に入る頃はバスケットボールが流行りとなった時期だった。大人気コミック SLAMDUNK を皆が読み、1992 年バルセロナオリンピック、誰もが知っている NBA の錚々たるメンバーが顔をそろえた「ドリームチーム」が大きな話題となっていた。元々私自身はそれまでスポーツ観戦に余り興味が無い人間だったが、テレビのニュースで流されるマイケル・ジョーダンや、マジック・ジョンソンらが繰り出すスーパープレーを目の当たりにして、NBA に強烈に引きつけられていった。

　そこまではただスポーツ観戦が趣味にすぎなかったが、1つのきっかけが訪れた。1996 年、NBA が公式戦を日本で行ったのである。その JAPAN GAME を特集した NBA の雑誌に数ページ、NBA ニュージャージーネッツで働く日本人が紹介されていた。そのジュン安永さんという方は施設運営部長という肩書を持ち、選手に近い所で仕事をしている事、そしてその方はアメリカで「スポーツ経営学」なるものを学んだ、という事が触れられていた。

　好きな NBA で働けたら楽しいだろうな、と思った事が全てのきっかけとなり、英語の勉強や留学情報を集め紆余曲折の結果、2000 年の秋よりコネチカット大学院スポーツ経営学部に入学する事になった。

前述の安永さんからのアドバイスもあり、全米屈指の強豪チームだったコネチカット大学男子バスケットボールチームのマネージャーチームの一員として手伝いながら（大学院生でやっているのは私だけだった）、卒業に必須であったインターンの働き先を探すため全米のありとあらゆるスポーツ組織200～250社ほどに履歴書を送った。結果、興味を示してくれた数社の中から、NBAチームフィラデルフィア76ersチケット営業部のインターンのオファーを頂く事ができた。インターンではあったが、この合格通知を受けた時は文字通り飛び上がって喜んだ事を覚えている。

　インターン期間も終わりに近づいたころ、当時のボスからシーズンシートを専門に売る新卒だけをあつめた営業チームを作る事を知らされた。契約期間は2002年5月からシーズンが始まる10月末まで。ただし結果次第では契約延長や、正社員の道も開ける可能性があるという事だった。

　フィラデルフィアという街にはニューヨーク、ロサンジェルスのような大都市に比べて日系企業は多くなかったので、日系企業のみ営業していてはセールス先が枯渇してしまう。へたくそな英語で現地の企業にも営業をした。結果として契約満了を待たず解雇されていくアメリカ人同僚もいる中、目標予算2倍の営業成績を達成し、10月末の契約終了後も翌年のシーズン終了4月まで契約延長をしてもらえる事となった。

　シーズン中はシーズンシートから団体チケットの販売にシフトしたが、自分の中で印象に残っている成功としては、中国人選手姚明が1年目であることに目をつけ、現地中国人マーケットにアプローチをした。チケットは正に飛ぶように売れ、1試合で2,000名の大規模団体をセールスした。2002年～2003年シーズンのシクサーズ団体の中では一番大規模な団体セールスとなり、地元新聞でも取り上げられた。自分が考えた企画で、アリーナが埋まる成功体験をしたときが、私が本当の意味でスポーツビジネスに取りつかれた瞬間だったと今では思っている。

　当時の上司からの紹介もあり、シクサーズでの契約が終了となる2003年春に、幸運な事に2004年に新球場建設を控えていたMLBフィラデルフィアフィリーズに転職する機会を得る事ができた。フィリーズでは主に新球場でのシーズンシート営業（これも飛ぶように売れた）や、既存シーズンシート客に、新球場での新しい座席場所の提案をする業務に忙殺された。ここで新球場の立ち

6 スワローズのチケットマーケティングを起点としたファン・マネジメント

上げに末端ではあるが関われたのは素晴らしい経験であったし、2004年のこけら落としに立ち会った時は職員、ファン全てが幸せで誇らしげな気持ちになったことを良く覚えている。2005年度からは従来のチケット営業担当から、プレミアムシート営業担当となった。最近ではプロ野球の球場でも普通に取り入れられるようにはなっているが、簡単に言うと、一般座席よりも座席の仕様が豪華で、付随した様々な特典を追加する事で価値を増したシートといえるだろうか。

アメリカでのプロスポーツ2球団でインターン含め5年と2か月間の勤務経験を経て、2007年より東京ヤクルトスワローズにお世話になる事になった。

2 アメリカプロスポーツビジネスにおけるチケットマーケティングへの考え方
―主なエリアは3つ／シーズンシートを売る事がトッププライオリティ―

私がアメリカにいた2007年当時から、基本的な考え方はどのアメリカのプロスポーツ組織においても変わっていないと思われる。それは全ての基本はシーズンシートである事である。シーズンシートを全ての基本に据え、そこで売り切れなかったチケット在庫を団体チケットで販売し、最後に一般向けチケット販売をする、という流れである。

チケット在庫も全て胴元である球団が一元管理をしているため、このような運用も比較的容易にできる。販売チャネルが全て球団管轄であり、顧客データもデータベースで一括管理しているので、お客様が誰なのか情報を集約する事ができる。「全てのチケットは自分たちが売る」が基本という訳である。

チケットマーケティングといういい方をしているが、極論すればチケットが売れる＝観客動員数が増え、広告媒体としての価値が上がり広告収入や放送収入が増える。さらに観客動員数に比例して、グッズ販売や飲食販売も上がっていく。つまりチケットマーケティング（販売）は球団経営の根幹なのである。そのチケットの中でも最重要視されているシーズンシート販売がいかに重要かはよくわかるのではないだろうか。

そこまでシーズンシートにこだわる理由について、わかりやすい例を挙げる。2004年にオープンしたフィラデルフィアフィリーズの本拠地、シチズンズバ

ンクパークは 43,500 席の収容人数だった。2004 年の球場オープン時にはチームへの期待感と新球場効果があり、前年 14,000 席であった年間シート販売数が 24,000 席まで跳ね上がった。チームを運営する側としては、20,000 席を毎試合埋めていくのと、43,500 席全てを完売させる努力をするのでは、かける労力に大きな違いが出る事は一目瞭然である。

　2007 年当時からシーズンシートを販売するためのチケットテクノロジーは非常に進んだものだった。シーズンシートを含む全てのチケットにバーコードを入れ、入場時にはそのバーコードを読んで入場する（写真 1）。その運用が確立すると、バーコードを無効、有効にする技術を使い、シーズンシート購入者が行けない試合、使えない試合のチケットを購入金額の定価にてインターネット上で二次販売する事ができるようになった。

　販売できた場合の金額はフィリーズ用のクレジットとなり、来年度のシーズンシート購入に使用したり、シーズン中に追加で購入するチケット代金に充てる事もできた。営業する側としても、「全部使えないから」というお客様に対して「保証はできませんが、こういう方法でチケットを無駄にしないサービスも提供していますよ、昨年度実績約 9 割が販売できていますよ」といったセールストークにも使う事ができた。一般のお客様にとっても、シーズンシートで購入しないと座れない VIP 席に座れるので、多少の手数料を払っても喜んで購入して頂けるサービスであったかと思う。

写真 1　ナショナルズチケットターンゲート

　シーズンシートのみならずチケットテクノロジーは 2016 年現在もっと進んでいるようである。チケット価格が様々な要因、需要に応じて変動するダイナミックプライシングを大多数の球団が導入しているし、二次販売市場も飛躍的に増えているとの事だった。個人的には、ダイナミックプライシングと二次販売の仕組みがどのように「定価チケット」に影響を与えているのか、転売対策がどのようになされているのか興味が

6　スワローズのチケットマーケティングを起点としたファン・マネジメント

あるところである。

　サービス面においてはスマートフォンのアプリにより、飲食をオーダーでき、よりチケット購入が購入しやすくなってきている中、シーズンシートのお客様限定で待たずに球場飲食が購入できるサービス（ディズニーランドのファストパスのようなものだろうか）があったりする（写真2）。

　このように最先端テクノロジーは日々進化をしているが、基本的にはシーズンシート、団体チケット、一般販売チケットをいかに販売する

写真2　ナショナルズ年席客サービス

か、購入したお客様に満足して頂けるかがテーマになっていることがわかる（図1）。

営業期間
前シーズン後半9月頃から
シーズン中盤まで
※順次座席確定

営業期間
前シーズン後半9月頃から
シーズン最後まで
※座席確定はシーズン前1月頃

営業期間
2月頃から一斉販売開始

チケット在庫、販売チャネルが全て自社にて統一されている→顧客データベース

シーズンチケット → 団体チケット → 一般チケット

アプローチ方法
● 専門営業部隊
● 試合日：販売ブース
● 座席展示会
● DM発送 etc

アプローチ方法
● 専門営業部隊
※ 営業先の会社食堂で即売会をしたり...
● テーマイベント
● DM発送 etc

アプローチ方法
● TV広告や屋外広告等
● ギヴアウェイ等企画
● SNSやメール配信
等々

図1　2007年当時のメジャーリーグのチケットマーケティング

3　日本のプロスポーツ・スワローズの
　　チケットマーケティング（2007年当時）

　私がスワローズに入社した2007年、日米でスポーツビジネス事情は大きく違っていた。スワローズのみ違う、という事もあれば、日本プロスポーツビジネスがそうなっている、というケースもあった。幾つか上げていきたいと思う。

（1）日本のスポーツ全般：プレイガイドに販売委託をすることが一般的
　スポーツ種目や球団によって異なるとは思うが、日本では基本大手プレイガイド会社にチケットを預けて販売委託をする、という流れが一般的である。
　したがって多い所では大小合わせて以下のような20以上の販売チャネルを持つ球団もある。
　・チケットプレイガイド（インターネット）
　・コンビニ（プレイガイドと提携している）
　・プレイガイド（対面式店舗）
　※その他球場チケット窓口でも販売
　主催者である球団にとって、他社への販売委託しか販売手段を持たない事による課題は2つあると感じた。
　①お客様が誰だかわからない
　先ほど述べたとおり、アメリカのプロスポーツ組織では自分たちでチケットを販売し、それにより蓄積される顧客情報を販売促進に活用していた。
　日本の場合、各プレイガイドにほとんどのチケットを販売委託しているので、せっかくチケットを購入していただいても、その購入者情報は各プレイガイド社が所有するものとなる。球団側ではお客様が誰かもわからないし、連絡先がわからないので、何かイベントやお得な情報をお届けしようとしても、情報を送る術がない事になる。
　スワローズの場合、それに輪をかける形で球団自前の各システムがかなり古くなっており、お客様情報が取れているデータベースシステム同士の連携もできていなかった。例えばメール購読会員になっているお客様が、年間シート購入者様なのか、ファンクラブ会員なのかも把握できない状況であった（図2）。

6 スワローズのチケットマーケティングを起点としたファン・マネジメント

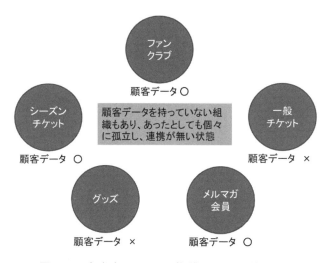

図2　2007年当時のスワローズ組織とシステム管理状況

②チケット在庫が一元管理されていない

チケット在庫が一元化されていないとはどういう事か？

球場座席を最初に切り分け、チケットとして各所に預けて販売しているので、球場全体のチケットを共通在庫として管理、販売する事ができない、という事である。

例を挙げると、当時のスワローズではチケット在庫が一元化されていないために、新宿にあるプレイガイドで販売しているチケットはAブロックの3列目の席をいつも販売しており、かたや有楽町にあるプレイガイドではBブロックの7列目の席が販売されている、といった状況になっていた。その特定の座席場所がどうしても欲しい、となればお客様は新宿や有楽町まで出向く必要があったのである。

神宮球場に3か所あるチケット窓口においても同様の事が起きていた。このエリアは外野チケットボックスに行かないと購入できない、あのエリアは内野チケットボックスに行かないと購入できない、といった具合である（写真3）。共通化していないので、外野チケットボックスでチケット在庫が少なくなってしまうと、内野のチケットボックスにあるチケットを束で持ち、担当が外野チケットボックスまで走って届けるようなこともしていた。いつでも、どこでも、

写真3　神宮球場のチケット窓口

好きな時に、チケットを選べて購入できたらいいのに、と思うのは当たり前のことだった。

（2）スワローズの場合：チケットを前売購入する理由が無い

　皆さんご存知の通り、スワローズが本拠地としている明治神宮野球場（神宮球場）は屋外球場である。したがって、当然雨も降れば春先には寒い日もある。それに加え、スワローズのチケットは当日来ても全く問題無く買える、という状況が当たり前だった。

　天気を見てから決めればいいので、結果、前売販売チケットと当日販売チケットの販売比率は当日の方が高いくらいだった。球団としては当日の天気次第で動員数が決定的に変わる、という不確定要素を常に抱えている事になる。

　天気のことは勿論仕方がないが、他にチケットを前もって購入して頂けない理由はあるのだろうか？　自分の身に置き換えてみれば、それを想像するのは難しくなかった。

①どこの席が買えるのかが買ってみないとわからない

　前述のチケット在庫が一元管理されていない事ともつながってくる。最近ではネット上で座席選択をして購入する事は一般的にはなっているが、当時は自動的に割り当てられる席となり、買ってみないとどこの席になるかがわからなかった。

　一方、当日の球場窓口であれば、先ほど述べた通り、「限定されたエリア内」ではあるが、窓口の販売員に自分の希望を伝えながら購入する事ができる。「いつでも空いている」座席状況ならば、なおさら事前に買う理由がない。

6　スワローズのチケットマーケティングを起点としたファン・マネジメント

②お客様手数料の存在

　2つ目はお客様がプレイガイドに支払う手数料である。勿論サービスであるから、対価が伴うのは致し方ない事だとは思うが、お客様にとって他に選択肢が無い事が問題だと感じた。プレイガイドのインターネットサイトで購入したチケットを引き取るためには「チケット発券手数料」が1枚につきかかり、支払をクレジットカードではなくコンビニで行う際には「決済手数料」がかかる、と多くの手数料が発生する。

　当時スワローズでは、相手チームによってはビジターエリア（レフト）の外野指定席が人気席だった。そのような人気席を購入するには、各プレイガイドで行う先行販売でチケットを購入する事になる。それには上記2つの手数料にプラスで「先行販売手数料」がかかった。合計すると、外野指定席1枚を購入するのとほぼ同額の「手数料」がかかる事もあった。数少ない人気チケットを取るときならまだしも、いつでも空いているスワローズ戦のチケットを購入するのに、手数料を払ってまで前売チケットを買う必要は無い、となるのは自然の流れであった。

（3）日本スポーツビジネス全般：ファンクラブの存在

　アメリカプロスポーツでは、チケットマーケティングの基本はシーズンシート、団体チケット、一般向けチケットの3つである事を先ほど述べた。アイドル、アーティスト、スポーツチーム等で日本ではなじみ深い「ファンクラブ」という会員組織はアメリカでは一般的には存在しない。

　何故ないのか？　私にもわからないので推測の域を出ないが、アメリカのプロスポーツチームはその街に根ざしていて、その街に生まれればそのチームのファンになる事は「当たり前」となる。であれば、ファンである事を示すファンクラブに入る必要も無い、という事なのかもしれない。ファンクラブに入る主な理由であるコンサート等のチケット先行販売や割引販売は、アメリカに置き換えた場合、「チケットを確保したければ、シーズンシートを購入してください、いい席で観戦できて、一般チケットより割引ですよ」というロジックに置き換えられている気がする。

　したがってアメリカ帰りの私には日本のスポーツビジネスの中でファンクラブという組織が何のために存在するのかが、はっきり理解ができていなかった。

更に当時のスワローズファンクラブが行っていたのは、毎年記念品をお渡しし、招待チケットをお渡しする事であった。コストセンターなのか、収益事業なのか、存在定義も定まっていない状況だった。

（4）日本スポーツビジネス全般：シーズンシートについて

　前述のとおり、アメリカプロスポーツについて、シーズンシートの重要さを強調した。

　日本の場合はどうだろうか？　シーズンシートの重要度は日本のスポーツビジネスも同様に認識していると思う（球団による販売力が大きく異なる所は日米共通だが）。ただ日米で大きく違うと思われるのは購入する顧客層である。日本はやはり法人が大多数を占めるのに対して、アメリカでは個人での購入率が非常に高いと思われる。それはファンクラブの部分でも述べた文化の違い、といえるのかもしれない。

　日本の場合、法人のお客様は継続的に購入して頂ける反面、景気といった企業の経済状況にも左右される事があるし、爆発的に契約者数が増えるというのも余り見込めないかもしれない。

　アメリカは個人でシーズンシートを買う文化がある。1人で買わずとも5、6名でシェアをして購入すれば、「いい席で」「割引で」購入する事ができる。私も2年ほどだがフィリーズ職員時代にシクサーズのシーズンシートをフィリーズの同僚たちとシェアをして購入していた。今考えると贅沢な経験だったと思う。

4　総合システムの導入とファンクラブ改革

　当時感じていた疑問点、フラストレーションを改善すべくシステム導入に着手する事になる。当たり前であるがスワローズにはメジャーリーグのように、MLBAMといったインターネットに特化した部門がなかったので、2011年の夏から幾つかのベンダーさんにお声掛けをさせて頂き、私をプロジェクトリーダーとしてシステム開発プロジェクトが正式に立ち上がったのは2012年2月の事だった。

　システム開発に携わった事など無い素人なので、こうあってほしい、こうだ

6 スワローズのチケットマーケティングを起点としたファン・マネジメント

ったらチケットが買いやすいのに、といった視点から考えた。中でも意識をしたのは、アメリカの方法をそのまままねてもうまくいかない事、日本ならではの文化やいいところは活用して、いわば両国のハイブリッドの仕組みを作る事であった。

さらにそれを簡単な言葉として、スワローズはどういった仕組みを作りたいのか、それを元にどうしたいのかをプロジェクトに関わる全員で共有する必要がある。

簡単にまとめるとこんな事をしたい、と思っていた。
①チケット在庫を一元管理し、自社でチケットのネット販売を行い、顧客データを取得し、そのデータを活用（情報発信等）したい。
②チケット販売の仕組み×ファンクラブ（リニューアルを実施）が連動し合う顧客データ管理システム（CRM）をコアエンジンとしたい。

次に課題となっていることをシステムでこのように解決していけるというストーリーを共有した（図3）。

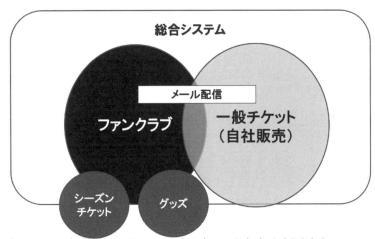

図3　2016年現在のスワローズ会員組織と会員情報連携

自社でチケットのネット販売を行う事で…①が実現すると

課題：お客様が誰だかわからない。

答え：自社販売ですので、お客様データはシステムデータベースに蓄積できるようになります。

課題：チケット在庫が一元化されていない。

答え：

・ほとんどの在庫を自社販売在庫としました。球場窓口販売分も同じ在庫を使います。

・従来球場窓口では事前に打ち出したチケットを手で販売していましたが、システムで在庫を共有する事により、その都度システムで発券する方式に変更しました。

・各プレイガイドへの販売委託は以前と数量は違えども引き続き実施。コンビニ販売チャネルはネット環境が無いお客様には有効ですし、日本特有のやり方としてのハイブリッド方式を取る事にしました。

課題：前売で購入する理由が無い。

答え：お客様が前売で購入しない要因を解決し、さらに購入する理由を考えました。

・座席が選べない
  ●インターネット上でストレス無く購入できるようにユーザーインターフェイスを作りました（図4）。
  ●実際に見えるイメージを持っていただくために、球場パノラマビューイングを導入しました。その席周辺から見えるイメージをデーゲーム、ナイターゲームで確認する事ができます（図5）。

・手数料の存在
  ●手数料無料となるQR発券システムを導入しました。（クレジットカード限定）
  併せて球場に3か所発券所を設けたことで、事前にチケットを受け取る必要無く、球場で全てが済むようになりました。

・前売で購入する理由を追加
  ●前売チケットを購入すると、ファンクラブのポイントが貯まるようにしました。

6　スワローズのチケットマーケティングを起点としたファン・マネジメント

図4　席種・座席選択画面

チケット販売の仕組み×ファンクラブ（リニューアル）の連動顧客データ管理システム

　ファンクラブを球団が持ちうる顧客データの中で一番伸びしろがあると考え、チケット購入の仕組みと融合を図った。すでにこの考え方を導入しているパリーグ球団等をベンチマークとした。この考え方はアメリカには無く、日本独自の考え方だと思われる。

　当時のファンクラブ組織はこのような連動には合わない形態だったので、

図5　シートビュー（昼）

2013年に向けて以下のようにリニューアルを行った。
・会費の値下げと同時に、特典の見直し（招待券を5枚⇒1枚に）
・ポイントシステム「スワレージ」の導入
・自社チケット販売サイトでの先行販売（種別で差あり）と割引購入
・自社チケット販売サイトにて前売チケット購入でポイント付与
・変わったことをアピールする事を含め「スワローズクルー」と名称を変更

　球団内でファンクラブの立ち位置が定まっていなかった事は前述の通りである。
　そこで今回のシステム導入と合わせてスワローズのファンクラブについて目的を明確にした。
・会員数増
・会員の皆様にもっと神宮球場に来て頂く
・友達をスワローズファンに勧誘するくらいファンになって頂く

　当たり前、と思われるかもしれないが、今までのシステムではKPIとして追いかけるデータも取れていなかった訳なので、システムを導入する事で初めて設定ができた目的といえるかもしれない。

6 スワローズのチケットマーケティングを起点としたファン・マネジメント

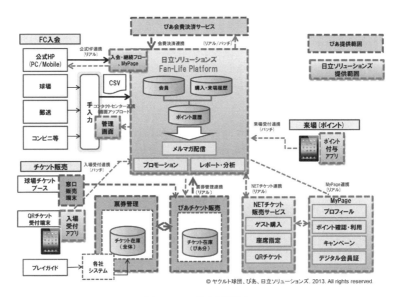

図6　システム概要図

　システムとは直接リンクはしないが、立ち上げるシステムはあくまで器であるから、そこに魂を吹き込む必要がある。チーム成績UPが何よりだが、そこは保証ができるものではないので、他事例を参考にし集客施策を展開していく。ユニホームプレゼント企画や、生ビール半額企画拡大、小学生招待拡大等を次々に進めていく。文字通り紆余曲折を経て、2012年オフシーズンから2013年3月までの間に、順次新システム機能がデビューしていくのである（図6）。

5　効果

　新しいシステムを基軸としたプロジェクトは生みの苦しみ（文字通り激痛でした）はあったが（お客様にご迷惑をおかけする事態もあった）、シーズン終了時には大成功といえる結果となった。

（1）チケット在庫一元管理と自社でのチケットネット販売
　お客様の目線からもわかりやすく改善されたのはインターネットでのチケット購入である。ネット上で座席を選択して買えるようになったことで、お客様

は好きな席を選べるようになった。在庫も球場で販売するものと共通化しているので、当日球場で買う前に気に入った席を押えてしまおう、というわかりやすい流れを作り出した。

(2) QR発券は上々の滑り出し

一つの目玉であったQR発券の仕組みもすぐに受け入れられるか不安ではあったが、東京という土地柄、この手のものへのリテラシーが高い事、航空会社等ではすでに取り入れていることもあってか、試合当日の現場でもスムースな運用となった（システム会社も頑張り、発券スピードは我々の期待を超えるものとなった）。

(3) 前売と当日購入の比率について

スワチケでの購入のしやすさ、QR発券により手数料がかからない事、座席指定で好きな席を購入できる事、スワローズクルー会員であれば先行購入かつポイントが貯まる仕組みを確立したおかげで、お客様が前売でチケットを購入する比率がグングンと上がってきた。今では7割以上のお客様が前もってチケットを購入して頂いているようになっている。

(4) 新ファンクラブ組織「スワローズクルー」の立ち上げ

ファンクラブについては、会費は下がったものの、招待券枚数を減らす形になったため、最初のうちは会員数が減る事も覚悟はしていたが、そうはならず逆に増える形になったのはうれしい誤算であった。チケットの割引や先行販売、ポイントサービスといった新しいサービ

図7　スワローズクルーのロゴ

図8　スワローズクルー用ジャンパー

6 スワローズのチケットマーケティングを起点としたファン・マネジメント

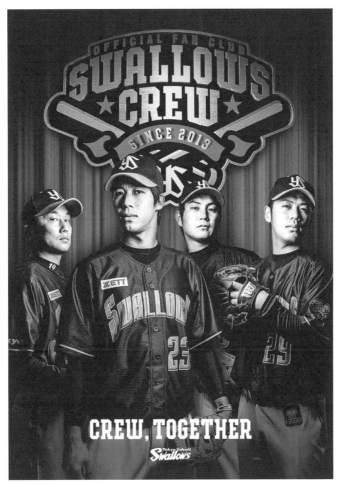

図9　スワローズクルーグラフィック

スを評価して頂いた結果なのではないかと思っている。

　2015年度からはファンクラブも私の直轄事業となり、ブランディングやサービスも一新した。2013年のシステムスタートにより器は備えたものの、その中身、コンテンツとしては不十分と感じていたためである。記念品ももっと喜ばれるよう選手も試合で着用するスワローズクルー用ユニホームを作成したり、ロゴやビジュアルも連動してかっこいいものにした（図7、8、9）。

（5）数値実績

　2013年は残念ながらチームは最下位となったが、バレンティン選手のホームランフィーバーや、スワローズの柱であった宮本慎也選手の引退等、順位がほぼ定まったシーズン後半に大きなイベントが続いた事もあり、スワチケの販売実績は目標数字を数倍単位で上回ってきた。

　スワローズクルーの入会実績はリニューアル前から2014年の2年間で4倍に増え、チケット購入実績もそれ以上の比率で伸びを見せた。

　私の中で自信となったのは2014年である。チームは2年連続最下位になり、さらに屋外球場にとっては致命傷となる天候にも恵まれない1年間だったが、大型イベントが相次いだ2013年度よりプラスの実績を残すことができたのである。そこで改めて今回の改革により球団の土台となるベースが作られたことを実感した。

6　2015年セ・リーグ優勝と今後

　私がシクサーズに勤務していた当時、チーム成績は下り坂で、2001年にNBAファイナルに行った後のような勢いは無くなりつつあった。結果として2001年オフにはどんな席でも飛ぶように売れていたシーズンシートの販売力にも陰りが出てきたのである。

　その時に営業部のトップが我々にこんな話をしてくれた。

「スポーツチームとは、チームとフロント（事業）2つの車輪で回るものだ。我々はフィールドに立てるわけではないから、チーム勝敗はしょうがない、我々は一つの車輪を回す努力をしよう。もう1つの車輪（チーム成績）が回ればすごい結果を出せる」

　この言葉はいまだに私の中でいわば信条として残っている。

　まだまだ不完全な車輪ではあるが、2013年システム導入やファンクラブ改革により、一つの車輪が回りだしたところに、2015年はもう1つの車輪であるチームが14年振りのセ・リーグ優勝という素晴らしい結果を残してくれた。

　2013年度にこれ以上はすぐに上がらないだろうと思っていた営業成績はさらに天井を突き破り、大幅な売上増を達成する事ができた。2つの車輪が噛み合った1年とは言い過ぎかもしれないが、スポーツの仕事に携わる人間にとっ

6　スワローズのチケットマーケティングを起点としたファン・マネジメント

ては素晴らしい一年だった。

　2013年から2015年度で飛躍的に伸びた代わりに、逆に当時は想定していなかった課題が出てきている事も事実である。QR発券を選択されるお客様が伸びたおかげで、発券機台数が不足してきたし、チケット購入サイトにアクセスする方が大幅に増えてシステム上の弱さが見えるような事も出てきた。常に規模に応じた体制は整えていきたいと思っている。

　この3年間で得た知識、経験リテラシーを更に次のステップへ進むための糧として、スワローズ、プロ野球、プロスポーツを応援する皆様へ還元し、成長していければと思う。

7 ラグビーワールドカップの ファン・マネジメント

井上 俊也 (大妻女子大学)

1 はじめに

　ラグビーワールドカップが2019年に日本で開催される。9回目にして初めてラグビーの有力国（イングランド、スコットランド、ウェールズ、アイルランド、フランス、ニュージーランド、豪州、南アフリカ）以外での開催となる。
　ラグビーワールドカップの歴史は浅いが、この有力国8か国でこれまでの大会が開催され、これらの有力国が上位を占めてきた。2015年大会までの8大会で、8チームによる決勝トーナメントに進出したのべ64チームのうち、これら8か国が55チームを占めている。2015年大会では日本が予選プールで南アフリカに勝利しながらも、決勝トーナメントに進出できなかったことは記憶に新しい。これまで8回の大会で有力国以外のチームが有力国を押さえて決勝トーナメントに進出したのはわずか4回しかない。
　有力国は開催実績、実力、人気を兼ね備えており、これら有力国中心の大会運営がなされ、ファンのマネジメントも有力国中心に行われてきた。2019年大会を開催する日本は各種スポーツイベントの開催実績は豊富であるが、実力、人気という点ではこれまでの開催国には及ばない。
　これまでのラグビーワールドカップでどのようにファンをマネジメントしてきたかを認識することは、2019年大会を成功に導くために必要なことであろう。

2　問題意識　―有力国を重視した試合日程と開催会場

　ラグビーワールドカップが他のスポーツイベントと異なる点は上記の特定の有力国だけで開催され、上位を占めてきたことだけではない。ラグビーの国際統括団体であり主催者であるワールドラグビーにはスポンサー料、テレビ放映権料などが入り、開催国には入場料収入が入るが、より多くのテレビ放映権料が入るような試合日程、より多くの入場料収入が入るような試合会場の設定や入場料収入の設定がなされてきた。これが本稿の主題である。同じ予選プールの試合であっても入場料金や試合会場、試合開始時刻に大きな違いがある。また、予選プールについては奇数の 5 か国で争われるため、試合間隔に差が生じる。試合間隔の差を逆にうまく活用することもできる。同条件ではないということは「不平等」であるかもしれないが、その試合をスタジアムあるいはテレビで観戦したいというファンの数の違いを考慮すれば、「公平」な設定であると考えられる。試合日程、会場の設定はラグビーワールドカップがどのようにファンをマネジメントしてきたかを表している。本稿は 2007 年フランス大会以降の過去 3 大会を比較、分析し、2019 年大会への提言とするものである。

3　2007 年フランス大会の事例

（1）2007 年フランス大会の開催会場

　2007 年フランス大会は表 1 の通りフランス国内 10 会場、国外 2 会場で開催された。フランス国内 10 会場についてはすべてが 1998 年に開催されたサッカーのワールドカップで使用したものと同じである。観客収容能力や設備面については問題はなく、レガシーをうまく引き継いでいる。これら 10 会場のうち、メイン会場であるスタッド・ド・フランスはラグビーやサッカーの代表戦や国内サッカー、ラグビーの大会の決勝戦を行うナショナルスタジアムであるが、それ以外の 9 会場についてはプロサッカーチームの本拠地であり、ラグビーの試合は行われない。これらの 9 競技場のうち、スタッド・ド・フランスが完成するまでラグビーとサッカーのナショナルスタジアムであったパルク・デ・プランスを除く 8 会場については 1998 年のサッカーのワールドカップ以降にラ

7　ラグビーワールドカップのファン・マネジメント

グビーの代表の試合を最低 1 試合は行っており、その地域におけるラグビーの文化を根付かせようと努力している。

また、国外 2 会場についてはエジンバラ（スコットランド）のマレーフィールドとカーディフ（ウェールズ）のミレニアムであり、いずれも両地域のナショナルスタジアムであり、代表チームの試合、国内のラグビーの大会の決勝が行われてきた。

表 1 はこれら 12 会場でどのように試合が行われたかをまとめたものである。予選プールについてはフランス国内 10 会場については 3 試合ないし 4 試合行われた。表中●は開催国（ならびに有力国）であるフランスの出場する試合、◎はフランス以外の有力 7 か国の出場する試合、○は有力国の出場しない試合

表 1　2007 年フランス大会の開催会場

都市名	競技場名	収容人員	主な用途	決勝トーナメント	予選プール
サンドニ	スタッド・ド・フランス	80,000	サッカー・ラグビーの代表戦 国内サッカー・ラグビーの決勝	4 試合 (F, SF, SF, QF)	●●◎
マルセイユ	ベロドローム	60,000	サッカー（1 部）の本拠地	2 試合 (QF, QF)	●◎◎◎
パリ	パルク・デ・プランス	48,275	サッカー（1 部）の本拠地	1 試合（3rdF）	◎◎◎◎
リヨン	ジェルラン	44,000	サッカー（1 部）の本拠地		◎◎◎
ランス	フェリックス・ボラール	41,275	サッカー（1 部）の本拠地		◎◎◎
ナント	ボージョワール	38,500	サッカー（2 部）の本拠地		◎◎◎
トゥールーズ	市営競技場	36,500	サッカー（1 部）の本拠地		●◎◎◎
サンテチエンヌ	ジェフロワ・ギシャール	36,000	サッカー（1 部）の本拠地		◎◎◎
モンペリエ	ラモッソン	35,000	サッカー（2 部）の本拠地		◎◎◎◎
ボルドー	レスキュール	34,500	サッカー（1 部）の本拠地		◎◎◎◎
カーディフ	ミレニアム	74,500	サッカー・ラグビーの代表戦 国内サッカー・ラグビーの決勝	1 試合（QF）	◎◎◎
エジンバラ	マレーフィールド	67,130	ラグビーの代表戦 国内ラグビーの決勝		◎◎

F：決勝　SF：準決勝　QF：準々決勝　3rdF：3 位決定戦

●開催国の試合
◎有力国の試合
○それ以外の試合

である。開催国や有力国は収容人員の多い競技場で試合を行うケースが多い。さらに決勝トーナメントについては3位決定戦を含み8試合行われたが、4会場のみで行われ、いずれも多くの収容人員を誇る会場で行われた。

(2) 2007年フランス大会の試合日程と開催会場

　開催国のフランスは予選プール4試合のうち2試合をメイン会場のスタッド・ド・フランス、1試合をその次に収容人員の多いマルセイユで行う以外に収容人員36,500人というトゥールーズで行っているが、これはトゥールーズがフランス国内で最もラグビーが盛んな都市だからである。

　開催国、有力国の試合を収容人員の多い競技場で開催することは、明らかに多くの入場料収入を得ようとしているが、これは同時に開催国、有力国の試合を観戦したいという多くのファンの期待にこたえるものであると言える。

　そして同時に全世界に中継されるテレビで多くのファンが観戦する。実際の試合はフランスでは昼から夜にかけて行われるが、時差が存在し、世界中では24時間試合が行われることになる。この時に問題となるのは試合に出場している国において何曜日の何時に試合が行われるかである。出場国の各国の時間（標準時が複数ある場合は首都の標準時とした）で何曜日の何時に試合が行われるかを分析した。

　①欧州、アフリカの有力国の試合日程と開催会場

　まず、開催国フランスは表2-1の通り金曜の夜に2試合、日曜の夜と昼間にそれぞれ1試合行っている。

　欧州の有力国、イングランド、ウェールズ、スコットランド、アイルランド、時差のない南アフリカについても表2-2から表2-6の通り週末を中心に試合が行われ、週半ばの試合も夜間に行われ、テレビ観戦に適した時間帯である。特に前回大会で優勝したイングランドの試合時間帯は他の有力国よりもテレビ観戦にふさわしい時間帯に行われる。

　②欧州、アフリカの有力国以外の試合日程と開催会場

　ところが、同じ欧州やアフリカの出場国であっても有力国以外のイタリア、ジョージア、ポルトガル、ルーマニア、ナミビアの試合となると状況が異なる。表2-7から表2-11の通り、週末の試合は有力国との試合に限られ、有力国以外同士の試合は平日に行われる。さらに、アイルランド－ジョージア戦はフラ

7　ラグビーワールドカップのファン・マネジメント

表2-1　フランスの試合日程

月日	曜日	各国時間	対戦相手	会場	収容人数
9月7日	金	21：00	アルゼンチン	サンドニ	80,000
9月16日	日	21：00	ナミビア	トゥールーズ	36,500
9月21日	金	21：00	アイルランド	サンドニ	80,000
9月30日	日	15：00	ジョージア	マルセイユ	60,000

表2-2　イングランドの試合日程

月日	曜日	各国時間	対戦相手	会場	収容人数
9月8日	土	17：00	米国	ランス	41,275
9月14日	金	20：00	南アフリカ	サンドニ	80,000
9月22日	土	15：00	サモア	ナント	38,500
9月28日	金	20：00	トンガ	パリ	48,275

表2-3　ウェールズの試合日程

月日	曜日	各国時間	対戦相手	会場	収容人数
9月9日	日	13：00	カナダ	ナント	38,500
9月15日	土	15：00	豪州	カーディフ	74,500
9月20日	木	21：00	日本	カーディフ	74,500
9月29日	土	16：00	フィジー	ナント	38,500

表2-4　スコットランドの試合日程

月日	曜日	各国時間	対戦相手	会場	収容人数
9月9日	日	17：00	ポルトガル	サンテチエンヌ	36,000
9月18日	火	21：00	ルーマニア	エジンバラ	67,130
9月23日	日	17：00	ニュージーランド	エジンバラ	67,130
9月29日	土	20：00	イタリア	サンテチエンヌ	36,000

表2-5　アイルランドの試合日程

月日	曜日	各国時間	対戦相手	会場	収容人数
9月9日	日	19：00	ナミビア	ボルドー	34,500
9月15日	土	20：00	ジョージア	ボルドー	34,500
9月21日	金	20：00	フランス	サンドニ	80,000
9月30日	日	16：00	アルゼンチン	パリ	48,275

表2-6　南アフリカの試合日程

月日	曜日	各国時間	対戦相手	会場	収容人数
9月9日	日	16：00	サモア	パリ	48,275
9月14日	金	21：00	イングランド	サンドニ	80,000
9月22日	土	14：00	トンガ	ランス	41,275
9月30日	日	20：00	米国	モンペリエ	35,000

表 2-7 イタリアの試合日程

月日	曜日	各国時間	対戦相手	会場	収容人数
9月8日	土	13：45	ニュージーランド	マルセイユ	60,000
9月12日	水	20：00	ルーマニア	マルセイユ	60,000
9月19日	水	20：00	ポルトガル	パリ	48,275
9月29日	土	21：00	スコットランド	サンテチエンヌ	36,000

表 2-8 ジョージアの試合日程

月日	曜日	各国時間	対戦相手	会場	収容人数
9月11日	火	22：00	アルゼンチン	リヨン	44,000
9月15日	土	23：00	アイルランド	ボルドー	34,500
9月26日	水	20：00	ナミビア	ランス	41,275
9月30日	日	17：00	フランス	マルセイユ	60,000

表 2-9 ポルトガルの試合日程

月日	曜日	各国時間	対戦相手	会場	収容人数
9月9日	日	17：00	スコットランド	サンテチエンヌ	36,000
9月15日	土	12：00	ニュージーランド	リヨン	44,000
9月19日	水	19：00	イタリア	パリ	48,275
9月25日	火	19：00	ルーマニア	トゥールーズ	36,500

表 2-10 ルーマニアの試合日程

月日	曜日	各国時間	対戦相手	会場	収容人数
9月12日	水	21：00	イタリア	マルセイユ	60,000
9月18日	火	23：00	スコットランド	エジンバラ	67,130
9月25日	火	21：00	ポルトガル	トゥールーズ	36,500
9月29日	土	14：00	ニュージーランド	トゥールーズ	36,500

表 2-11 ナミビアの試合日程

月日	曜日	各国時間	対戦相手	会場	収容人数
9月9日	日	19：00	アイルランド	ボルドー	34,500
9月16日	日	20：00	フランス	トゥールーズ	36,500
9月22日	土	20：00	アルゼンチン	マルセイユ	60,000
9月26日	水	17：00	グルジア	ランス	41,275

ンス時間で21時キックオフ、アイルランド時間で20時キックオフ、ジョージア時間で23時キックオフというように、有力国とそれ以外の国の対戦においては、有力国でのテレビ視聴に適した時間に試合が行われた。

　③太平洋地域の出場国の試合日程と開催会場
　さて、開催国フランスと大きく時差のある太平洋地域から出場した国につい

てはどうであっただろうか。フランスで昼間に試合を行えばこれらの地域では夜の試合となり、フランスで夜に試合を行えば翌日早朝の試合となる。

　この地域の有力国は時差＋8時間の豪州と時差＋10時間のニュージーランドである。表2-12に示す通り豪州では4試合とも週末の深夜に行われており、時差を考慮すると豪州でテレビ観戦するには最適な時間帯であろう。一方、表2-13のニュージーランドでは同じ週末の深夜でも深夜1時台の試合が3試合、月曜の早朝の試合が1試合と条件が悪くなる。豪州とニュージーランドには3時間の時差があるが、これは前回大会において豪州が準優勝、ニュージーランドが3位という成績を反映していると考えられる。

　そして太平洋地域から出場している日本、サモア、トンガ、フィジーの各国における試合時間は週末の試合は有力国相手のみ、そしてそれ以外の試合は平日の深夜や早朝となり、テレビ観戦には厳しい時間帯に試合が行われる。

　さらに南北の米大陸からアルゼンチン、米国、カナダが出場しているが、これらの国も太平洋地域から出場している有力国以外と同じ状況である。

表2-12　豪州の試合日程

月日	曜日	各国時間	対戦相手	会場	収容人数
9月8日	土	23：45	日本	リヨン	44,000
9月15日	日	0：00	ウェールズ	カーディフ	74,500
9月23日	日	22：30	フィジー	モンペリエ	35,000
9月29日	土	23：00	カナダ	ボルドー	34,500

表2-13　ニュージーランドの試合日程

月日	曜日	各国時間	対戦相手	会場	収容人数
9月8日	日	1：45	イタリア	マルセイユ	60,000
9月15日	日	1：00	ポルトガル	リヨン	44,000
9月23日	月	6：00	スコットランド	エジンバラ	67,130
9月29日	日	1：00	ルーマニア	トゥールーズ	36,500

表2-14　日本の試合日程

月日	曜日	各国時間	対戦相手	会場	収容人数
9月8日	土	22：45	豪州	リヨン	44,000
9月12日	木	1：00	フィジー	トゥールーズ	36,500
9月20日	金	5：00	ウェールズ	カーディフ	74,500
9月25日	水	1：00	カナダ	ボルドー	34,500

（3）ファン・マネジメント＝有力国を重視した試合日程、試合会場

　このように、ラグビーワールドカップの2007年フランス大会では、有力国は大規模競技場で週末中心に試合を行っている。そして時差のある有力国の場合、それらの国でテレビ観戦に少しでも適した時間帯に試合が行われる。
　一方、有力国以外の出場国は週末の試合は有力国との試合が中心であり、有力国以外同士の試合は週の半ばに行われ、出場国でのテレビ観戦を考慮した時間帯に試合が行われるわけではない。
　すなわちこの大会におけるファン・マネジメントとは有力国のファンを中心に考え、有力国の試合をスタジアムならびにテレビでより多くの人が観戦できるようにスケジュールすることであると言え、この傾向はその後強まっていくのである。

4　2011年ニュージーランド大会の事例

　2011年大会はラグビー王国のニュージーランドで開催された。2007年のフランス大会におけるファン・マネジメントについて有力国と有力国以外の試合の開催会場、開催時間を比較して論じてきたが、この傾向はニュージーランド大会も同様である。

（1）2011年ニュージーランド大会の開催会場
　ニュージーランド大会の特徴として収容人員の少ない小規模スタジアムが多かったことがあげられる。収容人員はメイン会場のエデンパークが60,000人、続くウェリントンのリージョナル競技場が40,000人であったが、ほとんどの会場は3万人以下であり、1万人台の会場も3つある（表3）。
　大規模競技場が少なかった一因に2011年2月22日にクライストチャーチを襲った地震がある。収容人員45,000人のクライストチャーチのAMI競技場では有力国の試合を中心に8試合を開催する予定であったが、地震のため開催不能となる。この際、代替の会場を選ぶのではなく、対象となる試合を他の競技場に振り分け、試合時間は変更しなかった。これは新たに収容人員の少ない会場を使わず、大会開催半年前の段階でテレビ中継のスケジュールを変更しないよう配慮したことの表れと考えられる。

7 ラグビーワールドカップのファン・マネジメント

表3 2011年ニュージーランド大会の開催会場

都市名	競技場名	収容人員	主な用途	決勝トーナメント	予選プール
オークランド	エデンパーク	60,000	スーパーラグビーの本拠地	6試合 (F, 3rdF, SF, SF, QF, QF)	●●○○○
オークランド	ノースハーバー	30,000	スーパーラグビーの会場		◎◎◎◎
ウェリントン	リージョナル	40,000	スーパーラグビーの本拠地	2試合 (QF, QF)	●◎◎◎◎◎◎
ダニーデン	オタゴ	30,000	スーパーラグビーの本拠地		◎◎◎◎
ハミルトン	ワイカト	36,000	スーパーラグビーの本拠地		●◎○
ロトルア	ロトルア国際	26,000	スーパーラグビーの会場		◎○○
ニュープリマス	タラナキ	26,000	スーパーラグビーの会場		◎○○
ネルソン	トラファルガー	18,000	スーパーラグビーの会場		◎○○
インバーカーギル	ラグビーパーク	20,000	スーパーラグビーの会場		◎○○
ファンガレイ	ノースランドイベント	18,000	スーパーラグビーの会場		○○
ネイピア	マクリーン	22,000	スーパーラグビーの会場		○○
パーマストンノース	マナワツ	15,000	スーパーラグビーの会場		○○

F：決勝　SF：準決勝　QF：準々決勝　3rdF：3位決定戦

●開催国の試合
◎有力国の試合
○それ以外の試合

（2）2011年ニュージーランド大会の試合日程と開催会場

①欧州、アフリカの有力国の試合日程と開催会場

有力国8か国のうち6か国は欧州、アフリカであり、ニュージーランドとの時差は10時間あるいは11時間もあるが、欧州、アフリカの有力国との時差の問題を解決する試合日程を組んだのである。

ニュージーランドで夜に試合を行えば、欧州、アフリカでは午前中に試合をテレビ観戦することになる。そしてこれらの試合を土日の夜に行えば、欧州やアフリカの有力国のファンは仕事のない土日の午前中にテレビ観戦することができる。さらにラグビーワールドカップの予選プールが5チームで構成されていることによるイレギュラーな日程をうまく活用することが可能となったので

ある。

　欧州、アフリカの有力国の試合を土日の夜に行うようにしてスケジュールを組んだ結果、イングランド、フランス、アイルランドに関しては予選プール4試合がすべて土日の午前中となった。それ以外の有力国に関してもウェールズと南アフリカは4試合中3試合、スコットランドは4試合中2試合が土日の午前中の試合となった（表4-1から表4-6）。

②欧州、アフリカの有力国以外の試合日程と開催会場

　一方、同じ欧州、アフリカからは有力国以外にイタリア、ジョージア、ロシア、ルーマニア、ナミビアが出場したが、当該国で土日の午前中に行われる試合は有力国との試合に限られる。その結果、土日の午前中（6時以前の早朝は除く）

表4-1　イングランドの試合日程

月日	曜日	各国時間	対戦相手	会場	収容人数
9月10日	日	9：30	アルゼンチン	ダニーデン	30,000
9月18日	日	7：00	ジョージア	ダニーデン	30,000
9月24日	土	7：00	ルーマニア	ダニーデン	30,000
10月1日	土	9：30	スコットランド	エデンパーク	60,000

表4-2　ウェールズの試合日程

月日	曜日	各国時間	対戦相手	会場	収容人数
9月11日	日	9：30	南アフリカ	ウェリントン	40,000
9月18日	日	4：30	サモア	ハミルトン	26,000
9月26日	月	8：30	ナミビア	ニュープリマス	26,000
10月2日	日	7：00	フィジー	ハミルトン	26,000

表4-3　スコットランドの試合日程

月日	曜日	各国時間	対戦相手	会場	収容人数
9月10日	土	2：00	ルーマニア	インバーカーギル	18,000
9月14日	水	8：30	ジョージア	インバーカーギル	18,000
9月25日	日	9：30	アルゼンチン	ウェリントン	40,000
10月1日	土	9：30	イングランド	エデンパーク	60,000

表4-4　アイルランドの試合日程

月日	曜日	各国時間	対戦相手	会場	収容人数
9月11日	日	7：00	米国	ニュープリマス	26,000
9月17日	土	9：30	豪州	エデンパーク	60,000
9月25日	日	7：00	ロシア	ロトルア	26,000
10月2日	日	9：30	イタリア	ダニーデン	30,000

7　ラグビーワールドカップのファン・マネジメント

表 4-5　フランスの試合日程

月日	曜日	各国時間	対戦相手	会場	収容人数
9月10日	土	8:00	日本	ノースハーバー	30,000
9月18日	日	8:30	カナダ	ネイピア	22,000
9月24日	土	8:30	ニュージーランド	エデンパーク	60,000
10月1日	土	8:00	トンガ	ウェリントン	36,000

表 4-6　南アフリカの試合日程

月日	曜日	各国時間	対戦相手	会場	収容人数
9月11日	日	8:30	ウェールズ	ウェリントン	40,000
9月17日	土	8:00	フィジー	ウェリントン	40,000
9月22日	木	8:00	ナミビア	ノースハーバー	30,000
9月30日	金	8:30	サモア	ノースハーバー	30,000

に試合が行われるのは、イタリア、ジョージア、ロシア、ルーマニアが4試合中1試合、ナミビアはなく、テレビ観戦にふさわしい時間帯に行われる試合は極めて少ないのである（表4-7から表4-11）。

③太平洋地域の出場国の試合日程と開催会場

表 4-7　イタリアの試合日程

月日	曜日	各国時間	対戦相手	会場	収容人数
9月11日	日	5:30	豪州	ノースハーバー	30,000
9月20日	火	9:30	ロシア	ネルソン	18,000
9月27日	火	9:30	米国	ネルソン	18,000
10月2日	日	8:30	アイルランド	ダニーデン	30,000

表 4-8　ジョージアの試合日程

月日	曜日	各国時間	対戦相手	会場	収容人数
9月14日	水	11:30	スコットランド	インバーカーギル	18,000
9月18日	日	10:00	イングランド	ダニーデン	30,000
9月28日	水	11:30	ルーマニア	パーマストンノース	15,000
10月2日	日	5:00	アルゼンチン	パーマストンノース	15,000

表 4-9　ロシアの試合日程

月日	曜日	各国時間	対戦相手	会場	収容人数
9月15日	木	10:30	米国	ニュープリマス	26,000
9月20日	火	10:30	イタリア	ネルソン	18,000
9月25日	日	9:00	アイルランド	ロトルア	26,000
10月1日	土	6:30	豪州	ネルソン	18,000

表 4-10　ルーマニアの試合日程

月日	曜日	各国時間	対戦相手	会場	収容人数
9月10日	土	4:00	スコットランド	インバーカーギル	18,000
9月17日	土	6:30	アルゼンチン	インバーカーギル	18,000
9月24日	土	9:00	イングランド	ダニーデン	30,000
9月28日	水	10:30	ジョージア	パーマストン	15,000

表 4-11　ナミビアの試合日程

月日	曜日	各国時間	対戦相手	会場	収容人数
9月10日	土	4:30	フィジー	ロトルア	26,000
9月14日	水	3:30	サモア	ロトルア	26,000
9月22日	木	9:00	南アフリカ	ノースハーバー	30,000
9月26日	月	8:30	ウェールズ	ニュープリマス	26,000

　さらに注目すべきは時差の少ない太平洋地域から出場した国の試合開始時間である。まず、開催国のニュージーランドは金曜の夜に2試合、土曜の夜、日曜の午後に1試合ずつ行い、4試合中2試合はメイン会場のエデンパークで試合を行っている（表4-12）。

　そしてもう1つの有力国である豪州は金曜の夜に1試合、土曜の昼間に1試合、土曜の夜に1試合、日曜の昼間に1試合行い、海を渡って観戦するだけではなく、テレビ観戦にも適した時間帯に試合が行われる。フィジーも4試合すべてが土日の昼間と夜に行われる（表4-13ならびに表4-14）。

　ニュージーランドと3時間しか時差のない日本であるが、かなり状況は異な

表 4-12　ニュージーランドの試合日程

月日	曜日	時間	対戦相手	会場	収容人数
9月9日	金	20:30	トンガ	エデンパーク	60,000
9月16日	金	20:00	日本	ハミルトン	26,000
9月24日	土	20:30	フランス	エデンパーク	60,000
10月2日	日	15:30	カナダ	ウェリントン	36,000

表 4-13　豪州の試合日程

月日	曜日	各国時間	対戦相手	会場	収容人数
9月11日	日	15:30	イタリア	ノースハーバー	30,000
9月17日	土	20:30	アイルランド	エデンパーク	60,000
9月23日	金	20:30	米国	ウェリントン	40,000
10月1日	土	15:30	ロシア	ネルソン	18,000

7 ラグビーワールドカップのファン・マネジメント

表4-14 フィジーの試合日程

月日	曜日	各国時間	対戦相手	会場	収容人数
9月10日	土	15:30	ナミビア	ロトルア	26,000
9月17日	土	18:00	南アフリカ	ウェリントン	40,000
9月25日	日	15:30	サモア	エデンパーク	60,000
10月2日	日	18:00	ウェールズ	ハミルトン	26,000

表4-15 日本の試合日程

月日	曜日	各国時間	対戦相手	会場	収容人数
9月10日	土	15:00	フランス	ノースハーバー	30,000
9月16日	金	17:00	ニュージーランド	ハミルトン	26,000
9月21日	水	16:30	トンガ	ファンガレイ	30,000
9月27日	火	14:00	カナダ	ネイピア	22,000

る。予選プール4試合のうち、週末の試合はフランス戦だけである。それ以外の3試合は平日の午後の試合となり、テレビ観戦にはふさわしくない時間帯となる（表4-15）。

（3）有力国の試合を時差を考慮し大規模競技場で集中開催

このように試合の開催曜日と開催時間については有力国優先になっている。また有力国の試合を土日にするために、試合間隔が均等ではなくなり、試合と試合の間隔が最短で中3日、最長で中9日になる。これも予選プールの構成国数が奇数の5チームだからである。競技面からこの試合間隔の違いは大会のたびに問題となるが、これは有力国のファンを重視する日程も起因していると言える。

ニュージーランド大会の開催曜日と開催時間については以上の通りであるが、開催会場についても有力国重視の傾向は変わらない。サッカーワールドカップという3万人以上のスタジアムのレガシーを引き継いだフランスと異なり、ニュージーランド大会の場合は、エデンパークとウェリントン以外は収容人員4万人に満たず、収容人員1万人台の競技場も3つ存在する。

有力国同士の試合は予選プールで4試合存在したが、これらの試合は大規模競技場で行われ、イングランド－スコットランド戦、フランス－ニュージーランド戦、アイルランド－豪州戦は最大のスタジアムであるエデンパークで行われ、ウェールズ－南アフリカ戦はそれに次ぐウェリントンで行われた。

また、決勝トーナメント 8 試合中 6 試合はエデンパーク、残りの 2 試合もウェリントンで行われた。このニュージーランド大会は決勝トーナメント進出 8 か国は有力国で占められたが、結果として有力国同士の試合は大会を通じて 12 試合あった。この 12 試合のうち 9 試合はエデンパーク、残りの 3 試合はウェリントンで行われた。この 2 つの大規模競技場では大会を通じて 19 試合行い、のべ 38 チームが出場したが、有力国以外でこれら 2 つの競技場でプレーしたのはのべ 9 チームしかない。
　サッカーワールドカップのようなレガシーを生み出すようなイベントのなかったニュージーランドでは、有力国とそれ以外の国の開催会場にフランス大会以上の差が生じた。それは目の肥えたラグビー王国のファンが見たいと思う試合はやはり有力国の試合であることを意味するほか、ニュージーランドまで観戦に行くのは有力国のファンが中心であるということも意味している。

5　2015 年イングランド大会の事例

　ラグビーの母国イングランドで開催された 2015 年大会は有力国に大きな衝撃を与えた大会となった。まず日本が南アフリカを破ったことである。南アフリカはこれまでの大会で負けたのはわずか 3 回、しかも南アフリカを破ったことのあるチームはニュージーランドと豪州だけである。また、開催国のイングランドが予選プールで豪州、ウェールズに敗れ、大会史上初めて開催国が予選プールで敗退した。さらに四強すべてが南半球勢で占められた。
　しかし、このイングランド大会はこれまでに紹介した 2 大会以上に有力国を重視した大会運営だったのである。

（1）2015 年イングランド大会の開催会場

　サッカー、ラグビーという 2 つのフットボールの母国であるイングランドは世界で最高のスタジアム環境にあると言える。2015 年イングランド大会は表 5 の通りイングランドの 12 会場とウェールズの 1 会場の合計 13 会場で開催された。ウェールズの会場はカーディフのミレニアムスタジアムであり、1999 年大会、2007 年大会に続き、3 回目の使用となる。
　イングランド大会の 13 会場は 3 つに分類できる。第 1 のカテゴリーとして

7　ラグビーワールドカップのファン・マネジメント

表5　2015年イングランド大会の開催会場

Cat.	都市名	競技場名	収容人員	主な用途	決勝トーナメント	予選プール
1	ロンドン	ウェンブリー	90,000	サッカーの代表戦 国内のサッカーの決勝		◎◎
	ロンドン	トゥイッケナム	81,605	ラグビーの代表戦 国内のラグビーの決勝	5試合(F, SF, SF, QF, QF)	●●●◎◎
	ロンドン	オリンピックスタジアム	56,000	2012年オリンピックのメイン会場	1試合(3rdF)	◎◎◎◎
2	ニューカッスル	セントジェームズパーク	52,409	サッカー（1部）の本拠地		◎◎◎
	マンチェスター	マンチェスターシティ	47,800	サッカー（1部）の本拠地		●
	バーミンガム	ビラパーク	42,785	サッカー（1部）の本拠地		◎◎
	リーズ	エランドロード	37,914	サッカー（1部）の本拠地		◎◎
	レスター	レスターシティ	32,312	サッカー（1部）の本拠地		◎◎◎
3	ブライトン	ファルマー	30,750	サッカー（2部）の本拠地		◎◎
	ミルトンキーンズ	スタジアムMK	30,717	サッカー（2部）の本拠地		◎◎◎
	グロスター	キングスホルム	16,500	ラグビー（1部）の本拠地		◎◎◎◎
	エクセター	サンディパーク	12,300	ラグビー（1部）の本拠地		◎◎◎◎
1	カーディフ	ミレニアム	74,154	サッカー・ラグビーの代表戦 国内サッカー・ラグビーの決勝	1試合(QF, QF)	◎◎◎◎◎◎

F：決勝　SF：準決勝　QF：準々決勝　3rdF：3位決定戦

●開催国の試合
◎有力国の試合
○それ以外の試合

代表の試合や国内大会の決勝戦を行うナショナルスタジアムとしてラグビーの聖地トゥイッケナム、サッカーの聖地ウェンブリー、オリンピックスタジアムであり、ここにカーディフのミレニアムも加わる。第2のカテゴリーとして通常はサッカーの1部リーグ（プレミアリーグ）のチームの本拠地であるニューカッスルのセントジェームズパーク、マンチェスターのマンチェスターシティ競技場、バーミンガムのビラパーク、リーズのエランドロード、レスターのレスターシティ競技場、そして第3のカテゴリーはその他の競技場となり、サッカーの2部リーグ（フットボールリーグ・チャンピオンシップ）のチームの本拠地であるブライトン、ミルトンケインズ、さらにラグビーの1部リーグの本拠地であるグロスターとエクセターというラインナップである。13会場のう

ち定常的にラグビーを行っているのは4会場（トゥイッケナム、カーディフ、グロスター、エクセター）のみである。また、収容人員に関していえば、第1のカテゴリーであるナショナルスタジアムはウェンブリーの9万人を筆頭に一番小さいオリンピックスタジアムでも56,000人を誇る。第2のカテゴリーのプレミアリーグの本拠地は3万人強から5万人強である。そして第3のカテゴリーは一番大きなブライトンが3万を少し越える程度である。トゥイッケナム、カーディフ以外でラグビーを定常的に開催している2つのスタジアムは1万人台である。

　このように各スタジアムの通常の利用用途、収容人員を見ると、同じ欧州開催である2大会前のフランス大会とは大きく異なる。

（2）有力国の試合を大規模競技場で開催し、入場料を高く設定したイングランド大会

　イングランド大会はそれまでの2大会以上に有力国に重点を置いた大会運営となった。まず、開催国のイングランドは予選プール4試合中3試合はメイン会場のトゥイッケナムで試合を行い、残る1試合もプレミアリーグの本拠地のマンチェスターシティで行う。また、第1のカテゴリーの4スタジアムでは予選プールの試合は17試合行われたが、すべて有力国の出場した試合である。一方、有力国以外同士の試合は13試合行われたが、第2のカテゴリーの会場で4試合、第3のカテゴリーの会場で9試合行われている。

　そして、決勝トーナメントはすべて第1のカテゴリーの会場で行われ、準決勝、決勝はメイン会場のトゥイッケナムで行われ、準々決勝はトゥイッケナムとカーディフで2試合ずつ行われ、3位決定戦がオリンピックスタジアムで行われた。

　さらに、出場する国によって試合ごとのチケットの価格を変えており、同じ予選プールであっても開催国や有力国の出場する試合は入場料金を高く設定し、有力国同士の試合はさらに高く設定している。

　このように有力国の出場する試合は大規模な競技場で行い、入場料を高く設定するということは、入場料収入を増やそうという意図の表れである。

　なお、日本の予選プール4試合はすべて第3のカテゴリーの会場で行われた。グロスターで行われたスコットランド戦は有力国の出場した試合の中で最も観

7　ラグビーワールドカップのファン・マネジメント

客数が少なく、ラグビーワールドカップ史上最高の試合に選ばれた南アフリカ戦は 3 番目に少ない観客数であった。

①欧州、アフリカの有力国の試合日程と開催会場

一方、開催日時についてもそれまでの大会以上に有力国に配意されている。開催国のイングランドは開幕戦となった第 1 戦が金曜の夜で、それ以外の 3 試合は土曜の夜に行われ、すべての試合が 20 時キックオフであった。（表 6-1）

欧州、アフリカの有力国は表 6-2 から表 6-6 の通り週末または平日の夜間に試合が行われ（スコットランド－日本戦だけが例外）、テレビ観戦に適した時間に行われた。また、キックオフ時間も各国ごとに統一され、南アフリカは 4 試合すべてが 17 時 45 分、フランスは 4 試合中 3 試合が 21 時、スコットラン

表6-1　イングランドの試合日程

月日	曜日	時間	対戦相手	会場	収容人数
9月18日	金	20：00	フィジー	トゥイッケナム	81,605
9月26日	土	20：00	ウェールズ	トゥイッケナム	81,605
10月3日	土	20：00	豪州	トゥイッケナム	81,605
10月10日	土	20：00	ウルグアイ	マンチェスター	47,800

表6-2　フランスの試合日程

月日	曜日	各国時間	対戦相手	会場	収容人数
9月19日	土	21：00	イタリア	トゥイッケナム	81,605
9月23日	水	21：00	ルーマニア	オリンピック	56,000
10月1日	木	21：00	カナダ	ミルトンキーンズ	30,717
10月11日	日	17：45	アイルランド	カーディフ	74,154

表6-3　ウェールズの試合日程

月日	曜日	各国時間	対戦相手	会場	収容人数
9月20日	日	14：30	ウルグアイ	カーディフ	74,154
9月26日	土	20：00	イングランド	トゥイッケナム	81,605
10月1日	木	16：45	フィジー	カーディフ	74,154
10月10日	土	16：45	豪州	トゥイッケナム	81,605

表6-4　スコットランドの試合日程

月日	曜日	各国時間	対戦相手	会場	収容人数
9月23日	水	14：30	日本	グロスター	16,500
9月27日	日	14：30	米国	リーズ	37,914
10月3日	土	16：45	南アフリカ	ニューカッスル	52,409
10月10日	土	14：30	サモア	ニューカッスル	52,409

表6-5　アイルランドの試合日程

月日	曜日	各国時間	対戦相手	会場	収容人数
9月19日	土	14：30	カナダ	カーディフ	74,154
9月27日	日	16：45	ルーマニア	ウェンブリー	90,000
10月4日	日	16：45	イタリア	オリンピック	56,000
10月11日	日	16：45	フランス	カーディフ	74,154

表6-6　南アフリカの試合日程

月日	曜日	各国時間	対戦相手	会場	収容人数
9月19日	土	17：45	日本	ブライトン	30,750
9月26日	土	17：45	サモア	バーミンガム	42,785
10月3日	土	17：45	スコットランド	ニューカッスル	52,409
10月7日	水	17：45	米国	オリンピック	56,000

ドは4試合中3試合が14時30分、アイルランドは4試合中3試合が16時45分にキックオフされた。これは習慣的に自国の試合を継続してテレビを視聴するための仕掛けであると考えられる。

②欧州、アフリカの有力国以外の試合日程と開催会場

他方、同じ欧州、アフリカの出場国でも有力国以外のイタリア、ジョージア、ルーマニア、ナミビアについては状況が異なる。イタリアは4試合とも週末の試合であるが、それ以外の3か国は週末の試合は少なくなる。また有力国のようにキックオフ時間を同じにするということもなくなる（表6-7から表6-10）。

③太平洋地域の出場国の試合日程と開催会場

表6-7　イタリアの試合日程

月日	曜日	各国時間	対戦相手	会場	収容人数
9月19日	土	21：00	フランス	トゥイッケナム	81,605
9月26日	土	15：30	カナダ	リーズ	37,914
10月4日	日	17：45	アイルランド	オリンピック	56,000
10月11日	日	15：30	ルーマニア	エクセター	12,300

表6-8　ジョージアの試合日程

月日	曜日	各国時間	対戦相手	会場	収容人数
9月19日	土	15：00	トンガ	グロスター	16,500
9月25日	金	19：45	アルゼンチン	グロスター	16,500
10月2日	金	23：00	ニュージーランド	カーディフ	74,154
10月7日	水	23：00	ナミビア	エクセター	12,300

7 ラグビーワールドカップのファン・マネジメント

表 6-9 ルーマニアの試合日程

月日	曜日	各国時間	対戦相手	会場	収容人数
9月23日	水	22:00	フランス	オリンピック	56,000
9月27日	日	18:45	アイルランド	ウェンブリー	90,000
10月6日	火	18:45	カナダ	レスター	32,312
10月11日	日	16:30	イタリア	エクセター	12,300

表 6-10 ナミビアの試合日程

月日	曜日	各国時間	対戦相手	会場	収容人数
9月24日	木	20:00	ニュージーランド	オリンピック	56,000
9月29日	火	16:45	トンガ	エクセター	12,300
10月7日	水	20:00	ジョージア	エクセター	12,300
10月11日	日	12:00	アルゼンチン	レスター	32,312

　時間設定が難しいのが時差のある太平洋地域の出場国である。有力国であるニュージーランドと豪州について2007年のフランス大会の際は豪州の方がテレビ観戦しやすい時間帯の試合となったが、2015年大会は逆にニュージーランドの方がテレビ観戦しやすい時間の試合となった。

　表6-11ならびに表6-12の通り、予選プール4試合についてニュージーランドは2試合は土曜日の朝の試合となり、豪州は日曜の夜の試合が1試合だけとなった。豪州に関しては有力国との2試合を含む残り3試合は深夜あるいは早朝の試合となった。このニュージーランドと豪州の関係が逆転した理由は2007年大会の際はタイトルホルダーが豪州だったのに対し、2015年大会は前

表 6-11 ニュージーランドの試合日程

月日	曜日	各国時間	対戦相手	会場	収容人数
9月20日	月	3:45	アルゼンチン	ウェンブリー	90,000
9月24日	金	7:00	ナミビア	オリンピック	56,000
10月2日	土	7:00	ジョージア	カーディフ	74,154
10月9日	土	7:00	トンガ	ニューカッスル	52,409

表 6-12 豪州の試合日程

月日	曜日	各国時間	対戦相手	会場	収容人数
9月23日	木	1:45	フィジー	カーディフ	74,154
9月27日	日	21:00	ウルグアイ	バーミンガム	42,785
10月3日	日	5:00	イングランド	トゥイッケナム	81,605
10月10日	日	1:45	ウェールズ	トゥイッケナム	81,605

表 6-13　日本の試合日程

月日	曜日	各国時間	対戦相手	会場	収容人数
9月19日	日	0：45	南アフリカ	ブライトン	30,750
9月23日	水	22：30	スコットランド	グロスター	16,500
10月3日	土	22：30	サモア	ミルトンキーンズ	30,717
10月12日	月	4：00	米国	グロスター	16,500

回優勝チームがニュージーランドに変わったからであると考えられ、成績がテレビ視聴を考慮したキックオフ時間に影響している。

　なお、小規模スタジアムでの試合だけとなった日本であったが、国内でのテレビ観戦に関しては恵まれた。4試合中2試合は夜の試合となり、深夜、早朝の試合となった残り2試合も日本の祝日と重なり、翌日あるいは当日の仕事を気にしないで多くのファンがテレビで観戦した（表 6-13）。

（3）有力国の試合を重視するようになってきたラグビーワールドカップ

　このようにラグビーワールドカップの開催会場、開催曜日、開催時間に関しては多くのファンを抱える有力国を重視する動きがあったが、本稿で取り上げた 2007 年大会以降、回を重ねるごとにその傾向は強まってきている。

6　おわりに　—2019 年日本大会に向けて

　そして次回の 2019 年大会は初めて有力国以外の日本で開催される。開催会場は 12 会場、メイン会場として予定していた新国立競技場の完成が大会に間に合わず、東京スタジアムで開幕戦、横浜国際総合競技場で決勝戦が行われる。また、6万人以上の観客を収容できるのは横浜国際総合競技場のみであり、収容人員が少ない会場でも行われる（表 7）。

　入場料収入、テレビ放映権料を確保するために有力国、開催国に配意した開催会場の設定、開催曜日、開催時間をこれまでの大会を踏襲するのであれば、開催国、有力国の試合は横浜国際総合競技場や東京スタジアムなどに集中させるべきであろう。しかし、大会組織委員会はドル箱になるであろう開催国の日本の予選プール4試合は異なる4会場で行うことを表明している。有力国の試合についても大規模競技場だけでさばくことはできないであろう。したがって、

表7　2019年日本大会の開催会場

都市名	競技場名	収容人員	主な用途
札幌	札幌ドーム	41,410	サッカー（2部）、プロ野球の本拠地
釜石	鵜住居復興スタジアム（仮称）	16,187	未完成
熊谷	熊谷ラグビー場	24,000	ラグビースタジアム
東京	東京スタジアム	49,970	サッカー（1部）の本拠地
横浜	横浜国際総合競技場	72,327	サッカー（1部）の本拠地
静岡	小笠山総合運動公園エコパスタジアム	50,889	サッカー（2部）の本拠地
豊田	豊田スタジアム	45,000	サッカー（1部）の本拠地
東大阪	花園ラグビー場	30,000	ラグビースタジアム
神戸	神戸市御崎公園球技場	30,312	サッカー（1部）の本拠地
福岡	東平尾公園博多の森球技場	22,563	サッカー（1部）の本拠地
熊本	熊本県民総合運動公園陸上競技場	32,000	サッカー（2部）の本拠地
大分	大分スポーツ公園総合競技場	40,000	サッカー（3部）の本拠地

入場料収入についてはかなり厳しい状況となるであろう。

　一方、試合開催曜日と開催時間についてはニュージーランド大会を参考に欧州、アフリカの有力国は土日に開催、太平洋地域の有力国の試合は平日の夜にも設定可能である。しかし、有力8か国だけで開催されてきたラグビーワールドカップが初めて有力国以外で行われる意義を考えれば、これまでの有力国中心のスケジュール設定をこの日本大会から路線変更することも可能である。それは日本以外の有力国以外での開催、そしてラグビーの世界的なプロモーションにもつながるのである。日本大会のスケジュール決定はラグビーワールドカップの将来を左右すると言っても過言ではない。

【注】
　本文中の各表に関してはワールドラグビーのホームページを参照し、井上が作成した。
http://www.worldrugby.org/（2016年1月参照）
　また、表1、3、5、7の中の「主な用途」の中でクラブの所属リーグに関しては、過去の3大会については大会開催時、2019年日本大会については2016年現在のものとした。

8 Vリーグ増客戦略と
ファン・マネジメント

佐藤 直司（Vリーグ副会長）

1 はじめに

(1) バレーボールとの出会い

　筆者は公認会計士を本業とし、学生時代まで陸上競技を行っていた。それが現在は一般社団法人日本バレーボール機構（通称「Vリーグ機構」）において副会長を務めているのだが、その経緯が本稿の内容とも関連するところが大きいと思われるので、冒頭でご説明させていただくこととする。

　筆者が生まれたのは 1961 年である。東京オリンピックの時はまだ 3 歳だったため、記憶に残っているシーンはない。しかし 1972 年と 1976 年のオリンピックにおいて、男女それぞれのバレーボールチームが金メダルを獲得した報道映像は今でも生々しく記憶している。これは筆者に限ったことではなく、この時期に少年時代を過ごした者の多くは、バレーボールをしていなくともバレーボールファンであり、この時代のバレーボール選手のことを詳細に覚えている者が多いという特異な世代である。

(2) イタリアバレーとの出会いとVリーグ理事就任

　筆者は当時から一貫してバレーボールファンであり、テレビ放映を見るのは当然のこととして、チケットを握りしめて大会会場に馳せ参ずることも度々だったのだが、数年前イタリアに出張した際、現地のプロフェッショナルリーグ（セリエA）の試合を観戦し、プロとして経営が成り立っている理由と同国のリーグが今日世界有数の層の厚さを誇るところまで成長した要因がどうしても

知りたくなり、2年にわたる調査の上、『コートの中のイタリア』という書籍を出版した。それがたまたま当時のVリーグ機構の役員の目にとまり、理事として運営に参画するよう打診を受けたのが、事の発端であった。

よってリーグ運営にしても、本稿のテーマであるファン・マネジメントにしても、筆者にとってのスタンダードはイタリアのプロリーグであり、Vリーグの運営方式を検討する場合にはできるだけイタリアのシステムから良い点を導入しようと努めている。本稿ではイタリアリーグとの比較が随所に現れるが、それは上記の背景によるものである。

（3）イタリアのプロフェッショナルリーグと日本の実業団リーグ

イタリアのセリエAはセリエA1（スーパーリーグ）とセリエA2の2部構成で、地域の有力企業数社がスポンサーとして名を連ねているケースが多いが、選手はすべてプロフェッショナルで、所属するチームは独立したクラブである。一方の我々Vリーグは実業団チームを主体とし、選手の多くは母体企業の正社員である。地域密着のクラブも少しずつ増加する傾向にはあるものの、クラブから生活の糧を得ているケースはまれであり、地域密着クラブといってもイタリアセリエAのそれとはその性格は全く異なったものである。

よって、よい所を取り入れるといっても簡単ではないことが多いのだが、すぐに実現できないことでも理想とする形にしっかりベンチマークできていれば、いつかは理想に到達することができると信じたい。少なくとも望ましくない方向へ流れることは避けられるし、大きな変革を可能とする時宜を逃すこともなくなるだろう。

バレーボールを含むアリーナスポーツが実業団によって支えられてきたという歴史にはそれなりの背景があるものと考えられる。プロフェッショナルスポーツとしての基盤を固めるためには、大規模体育館を確保し、屋外スポーツ以上に高額に設定されたプラチナチケットでも会場が埋まるようでなくてはならない。厳密にいえば、アリーナスポーツの中で興行として経営的に成り立っているのはアメリカのプロバスケットのみであり、その他の競技はスポンサーが経費を丸抱えすることによってようやく維持されているともいえる。

そういう意味では、筆者が当面の理想とするイタリアバレーも一部に高額報酬を受ける選手がいるものの、チームの活動経費の大部分はスポンサー収入で

賄われており、興行的に成り立っているとはいいがたい。しかし、イタリアリーグはプレーオフ制度によるポストシーズンの盛り上げ、大会会場の美観の改善、国際クラブ選手権の開催など、リーグの価値を高める施策を次から次へと打ち出しており、リーグのプレステージ性は明らかに向上している。そして彼らの施策は実業団リーグにとって無縁のものばかりではなく、我々も参考とすることができることが多い。以後の議論では実業団リーグの限界について述べることが多くなるが、筆者は本稿の執筆を実業団スポーツを揶揄し、恨み事を吐露する場として利用するつもりはない。実業団リーグであることはファンを引き付けられないことの言い訳にはならない。そんな言い訳をしていたら、地域スポーツに転じた矢先から、アリーナスポーツである故の限界を言い訳にし始めるに決まっているからである。実業団リーグでもファンを引き付ける上で有効な施策はいくらでもある。しかし、それらを着実に実行して行くためには、実業団チームを主体として形成されているＶリーグというシステムに内在する制約をわきまえることが必要なのである。

2　ファン・マネジメントの日伊比較

(1) ファン・マネジメントの担い手

　先述したように我が国のトップリーグであるＶリーグは実業団チームが中心であるのに対し、イタリアのトップリーグであるセリエＡはすべてのチームがプロフェッショナルクラブである。日本にはリーグの参加チームの共益を図るための機関としてＶリーグ機構が存在するのと同様、イタリアにもレーガ・セリエＡという参加チームを構成員（社員）とする社団が存在する。

　しかしセリエＡが果たしている役割は大会日程や競技結果、技術成績の公表やプレス対応、映像コンテンツの販売などに限定されており、人数もパートタイマーを中心として極めて少数である。それに対して我がＶリーグ機構は上記の機能の他、大会の告知や結果に関する記事の作成、ネットを通じた選手やチームに関する情報提供から、イベントやグッズの企画、果ては大会のチケッティングにいたるまで、実に幅広い業務を担当しており、10名近い常勤職員がその任にあたっている。

（2）クラブの営利性／非営利性がファン・マネジメントに与える影響

　前節で指摘したような現象は、イタリアにおいてはファン・マネジメントと呼ばれる活動が専らクラブによって行われているのに対し、Vリーグではかなりの部分が共益機関であるVリーグ機構によって行われているためである。ファンは特定のチームや選手を応援しているのであるから、ファン・マネジメントやマーケティングはその運営主体であるクラブが担うのがイタリアをはじめとする世界のバレーボールクラブの標準的な姿であるが、我が国ではファン・マネジメントやマーケティングを独自に展開するクラブは少数である。

　これはプロフェッショナルクラブにとっては、ファンをどれだけ集められるかがその存続を図る上で決定的な重みを持っているのに対して、実業団クラブは必ずしもそれが最優先事項とはなっていないということの端的な表れである。

　企業がクラブを保有する理由は多様であり、バレーボールチームの活動をCSR（企業の社会的責任）活動の一環として捉え、可能な限りファンに近い存在であろうとするチームもあれば、企業の福利厚生制度の一環としてチームの活動を応援することにより、会社に一体感をもたらすことを専ら期待されているチームもあり、さらには福利厚生といっても、その目的とする範囲が企業の若手社員に所謂「するスポーツ」の機会を提供するために、活動費を助成するところに止まっているケースなど、実に千差万別で、これがファンを引き付けようとする活動の推進、すなわち「見るスポーツ」としての価値の向上との両立を図る上で様々な限界を構成することになる。ファンの組織化に関しては母体企業の判断に委ねられており、Vリーグ機構は強制的にファン組織の整備を求めることはできない。ファンの組織化ということ一つとっても、社内後援会すら自然発生的なレベルにとどまるチームから、広く社外のファンにも会員を募り、母体企業の社員であろうが、一般のファンであろうが試合会場では一体となって応援するチームまで、そのあり方はチームの数だけ存在するといっても過言ではない。近年、母体企業の社員に限定されていた後援会組織を外部ファンをも巻き込んだ組織へと発展させる動きも見られるようになっているが、それは現状では例外的なケースに止まっている。

（3）大会の収支責任における相違

イタリアでは大会の対戦形式は完全ホームアンドアウェー制であり、ホームチームはホームゲームの開催によって得られる入場料収入と会場広告収入を貴重な収入源とする。先にも触れたが、実際はこれのみを持ってクラブの運営経費を賄いきることは困難で、スポンサー収入に依存せざるを得ないのだが、スポンサー収入を確保するためにも入場者の確保は至上命題となる。

一方、Vリーグの大会は開催地のバレーボール協会が興行元となり、入場料収入は体育館使用料や警備員の派遣費用など、開催地の大会開催経費に充当されるほか、チームの遠征費や審判などの役員の派遣費用に充当され、チームと開催地の間に特別の取り決めがない限り、チームが大会採算に直接の責任を持つことはない。もっとも開催地の地方協会は教職員が大部分を占める非営利団体であり、リスクを取って事業収益を目指す興行団体ではないため、大会収支が赤字となりそうな場合には当該大会の参加チームはチケット購入につき、開催地協会から強いプレッシャーを受けることになるし、母体企業も芳しくない集客が継続した場合には、チームを保有することの意義を疑問視するようになるであろうから、全く集客に関心を持たないわけには行かないが、それでも集客実績がチーム存続に及ぼす効果という意味では、実業団チームは極めて間接的な立場に立っている。

（4）リーグの特質が滲み出る大会開催方式

また、Vリーグの大会は4チームが同一会場に集まり、土日別カードで2試合ずつを行うというセントラル開催方式が基本的な開催方式となっている。その結果、ホームでもアウェーでもない、中立地での試合が多くなり、8チーム3レグ（3回戦総当たり）で行う現行のレギュラーシーズンの大会日程において、各チームは21ゲーム中ホームゲームを4試合しか実施することができず、チームに過大な遠征の負担を強いるとともに、地域密着のファン作りを一層困難なものとしている。

完全ホームアンドアウェー制を採用するセリエAではホームゲーム数が多いため、シーズンチケットの販売に最も多くの努力が払われており、シーズンイン直前には繰り返し告知が打たれる他、選手が繁華街に繰り出してシーズンインの到来を宣伝するとともに、シーズンチケットの購入を呼び掛ける。しかしVリーグのように、シーズンにわずか4回しかないホームゲームではシー

ズンチケットを魅力的なパッケージ商品にするのは難しく、このようなマーケティング、あるいはファンの取り込み手法を我が国で真似るのは困難である。

　しかし、我が国においても、同じアリーナスポーツであり、実業団スポーツであった（本稿執筆時点では過去形で表現してよいか微妙な所もあるが）バスケットボールは部分的にセントラル開催方式を取り入れながらも、男女ともホームアンドアウェー方式を原則としている。要するにセントラル開催方式はアリーナスポーツであるがゆえの、あるいは実業団スポーツであるがゆえの帰結というわけではなく、バレーボールにおいて、少ない会場でより多くの試合日程を消化する方式が長年にわたって行われ、それが当然のこととして定着してきたことの結果に過ぎないということには注意を払う必要がある。セントラル開催方式は大会日程を効率的に消化するには、都合のよい方式ではあるが、ファンを固定客化かつヘビーユーザー化する上では問題が多い。

（5）地域密着とスターシステム

　また、ファン・マネジメントについて考える場合、イタリアと我が国で決定的に違うのは、シンパシーの獲得方法である。イタリアはどのクラブも地域に根差しており、メインスポンサーもその地域を代表する企業である場合が大部分であると述べた。ファンは自分の地域のチームだから応援してくれるのであり、スポンサーは地元のチームだから支援を行う。そして選手はその地域の英雄である。それに対し、我が国の場合には一種のスターシステムといってよいような状況があり、マスコミによって偶像化されたスター選手へのシンパシーが観戦動機であることが多い。

　よってファンの組織化においてもファンクラブを設置し、タレントのファンクラブさながらに応援グッズの提供、サイン会、ファンミーティング、感謝祭などを通じ、閉じられた会員組織のみの特典を用意して特別感を演出するとともに、人気選手とファンとの触れ合いの機会を提供するということが重要視されるが、イタリアの場合にはクローズドな組織を形成して特典的なサービスを行うよりは、オフシーズンにおけるサマーキャンプなどの行事、シーズン前の激励会、クリスマスパーティ、パスクア（復活祭）など、参加資格をオープンにしたイベントを数多く設け、選手やスタッフとの交流もさることながら、チームを媒介として同じ地域に住むファン同士に交流の機会を提供しようとする

発想が強く感じられる。

3 Vリーグにおけるファン・マネジメントの課題と戦略

(1) Vリーグにおけるファン・マネジメントの課題

バレーボールは、オリンピックという桧舞台において華々しい戦績を残した後、テレビ放送でも世界大会の映像がゴールデンタイムに放映されるなど、メディア露出という面では、他競技と比べ、破格の扱いを受けてきたという歴史がある。逆にこれが「見るバレーボール」における需要喚起において、強いメディア依存体質を生み、それから脱却できずにいると揶揄される事態を招いてきたともいえる。

マスコミに熱心に取り上げていただくのはありがたいことであり、実際我が国で世界大会が開催された直後のシーズンは、1試合当たりの平均有料入場者数が前年と比較して大幅に増加することが多いのだが、代表チームのゲームには興味を持つ一方、国内のリーグ戦には関心を持たないというファン行動が顕著となっていることや、代表チームでアイドル扱いされた選手が在籍するチームに観客が集中し、逆にその選手の国外移籍や引退などに観客数が大きく左右されるなど、バレーボールの観戦と応援を文化として根付かせたいと願うものとしては、喜んでばかりもいられないことが多いという実情がある。

(2) 見せるのはスポーツか、アスレティック・イベントか？

常に応援してくれるファン層の確立がないとチーム経営もリーグ経営も中長期的な発展は見込みがたい。人がスポーツコンテンツを求めるのは、スポーツによって日常生活では得ることのできない感動と興奮を味わうためであるということは論をまたないだろうが、これをもう少し掘り下げてみると、その感動と興奮はシンパシーを感じる選手やチームを応援することを通じて得られるものであるといえる。シンパシーの獲得手段としては、地域密着というスキームがもはや世界中のあらゆるスポーツにおけるデファクト・スタンダードになっているように思える。地域密着を前提としない場合、感動と興奮は「応援してもらう」ことではなく、「超越した技巧や圧倒的な迫力を見せる」ことによって獲得する以外にない。いわば、スポーツの試合を見せているというよりは、

表1 1試合当たり観客数と大会構成要素の推移（プレミアリーグ）

	変数	94/95	95/96	96/97	97/98	98/99	99/00	00/01	01/02	02/03	03/04
Men	1試合当たり観客数	3,590	4,907	3,453	3,337	4,291	4,512	3,544	3,871	3,119	3,208
	チーム当り試合数	21	21	21	21	18	18	18	18	21	21
	チーム数	8	8	8	8	10	10	10	10	8	8
	総試合数	84	84	84	84	135	135	135	135	84	84
Women	1試合当たり観客数	2,876	4,270	2,901	2,566	2,374	3,291	2,748	3,010	2,413	2,953
	チーム当り試合数	21	21	21	21	18	18	18	16	21	18
	チーム数	8	8	8	8	10	10	10	9	8	10
	総試合数	84	84	84	84	90	90	90	72	84	90

	変数	04/05	05/06	06/07	07/08	08/09	09/10	10/11	11/12
Men	1試合当たり観客数	2,429	2,556	2,637	2,782	2,665	2,600	2,122	2,110
	チーム当り試合数	28	28	28	28	28	28	28	21
	チーム数	8	8	8	8	8	8	8	8
	総試合数	112	112	112	112	112	112	112	112
Women	1試合当たり観客数	2,429	2,828	2,942	3,096	2,616	2,863	2,749	3,069
	チーム当り試合数	27	27	27	27	27	28	28	21
	チーム数	10	10	10	10	10	8	8	8
	総試合数	135	135	135	135	135	112	112	84

表2 1試合当たり観客数と大会構成要素に関する相関分析（プレミアリーグ）

チーム当たりの試合数との相関係数

Men	相関係数	-0.737
	対数相関	-0.749
Women	相関係数	-0.144
	対数相関	-0.132

チーム数との相関関係

Men	相関係数	0.5758
	対数相関	0.5754
Women	相関係数	-0.182
	対数相関	-0.167

総試合数との相関関係

Men	相関係数	0.0431
	対数相関	-0.046
Women	相関係数	-0.205
	対数相関	-0.198

Data source:V League Official program 2012/13

8 Ｖリーグ増客戦略とファン・マネジメント

アスレティック・イベントを見せているというのに近くなるというのが、地域密着を前提としない場合のスポーツ興行の宿命である。Ｖリーグの試合が「超越した技巧や圧倒的な迫力を見せる」ことに成功しているかどうかは別として、地域密着によるシンパシーを前提にできないということは、イベントとしてのクオリティについて、より厳しい評価がなされる宿命と向き合う必要があるということを厳に自覚しなければならない。自分たちが提供しているのはアスレティック・イベントであるといって恥じないためには、シルク・ド・ソレイユなどの超絶技巧やプロボクシングのような圧倒的な迫力を備え、さらには会場装飾、会場演出を含めたエンターテインメントとしての完成度が求められるであろう。

（3）二兎を追う宿命を持つＶリーグ

地域密着はもはや時代の潮流であることは疑いがない。この流れに沿って地域密着のクラブを育成しつつ、かつシルク・ド・ソレイユは極端すぎるとしても、緊張感が漲るゲームが多くなるように大会を設計し、魅せるバレーボールとしてのクオリティを上げる。Ｖリーグはそのような二兎を追う戦略を遂行している最中である。

①地域密着クラブ育成の取り組み

地域密着を推進する手法としては、Ｖリーグのリーグ構造を従来の2部制から3部制とし、3部への参加資格として準加盟制度を発足させ、参加要件を緩和するとともに、経営基盤が未整備なチームに対し、Ｖリーグ機構の正式加盟条件を満たすための改善指導を行うことを通じて、経営力を伴った地域密着クラブを育成する取り組みを既にスタートさせている。本稿執筆時点において2015/16シーズンは佳境を迎えつつあるが、地域密着クラブの多くが遠征時にも多くの地元ファンを引き連れて会場入りしたり、既にホームゲームの収益化に成功したりするクラブも現れている。今後こうしたクラブが競技力とともに経営力を高めてくれば、地域密着クラブの存在感が増し、実業団クラブもそこから良い刺激を受け取ってくれるものと期待している。

②より緊張感ある大会設計を目指して

大会の緊張感を高める手法としては、2014/15シーズンから、世界各国のリーグ戦や国際大会の順位決定方式として定着している勝ち点制（Ｖリーグでは

ポイント制が正式名称）を導入し、試合の勝ち負けのみならず、その内容で獲得ポイントに差をつける方式を導入するとともに、最上級カテゴリーであるプレミアリーグにおいて、レギュラーラウンドのレグ数（総当たり回数）を4から3へ削減し、従来4チーム1回戦総当たりで行われていたプレーオフを6チーム1回戦総当たりで行うよう改め、レギュラーラウンドの順位を持ち点としてプレーオフの順位に反映させるよう、大会方式を変更した。

　レギュラーラウンドの削減を行い、プレーオフ進出チームを増加させるという改革については、過去における集客実績に対する定量分析を行った結果、1試合当たりの入場者数とレグ数の間に高い負の相関がみられたことがヒントとなった。この分析結果は、長いシーズンを戦いぬくために、シーズン当初は高い負荷をかけて試合に臨むのを差し控える傾向があるのと、後半に入ってくると、プレーオフに進出できる4チームが次々に確定し、消化試合が増加し、試合内容が散漫になるため、シーズンのうち、魅力あるゲームを見せることができていない時期が多いとの、ファンからの無言の意思表明ではないかとの仮説を立て、より多くのチームに最後まで優勝の可能性が残る一方でレギュラーシーズンの成績がプレーオフの有利性に反映され、シーズンを通じてほとんど気を抜く場面がないような大会設計を考えたわけである。大会集客は様々な要因が作用するので施策の効果のみを定量化することはできないが、幸いにして2014/15シーズンの1大会あたり入場者数は前年を大幅に上回ることができ、ほっと胸をなでおろした次第である。

　これからもVリーグは実業団中心でありながら、地域密着クラブを育成するという二兎を追い続けることになるだろう。地域密着型のスポーツクラブが主流となりつつある中で、旧態依然としたリーグ運営であるかのように揶揄されがちな我々であるが、どこまでやれるものか、Vリーグの取り組みに是非注目いただきたい。

9 バスケットボールのスポンサーマネジメントについて
―千葉ジェッツを事例として―

梶原　健（千葉ジェッツ執行役員）

1　千葉ジェッツのスポンサーマネジメントについて

　本章では、プロバスケットボールクラブである千葉ジェッツに着目し、収益の核となっているスポンサーの実態とその具体的なスポンサー獲得戦略について述べる。

（1）千葉ジェッツについて

　千葉ジェッツは2011年に誕生した千葉県船橋市をホームタウンとするプロバスケットボールクラブ（以下、クラブという）である。2011年bjリーグに新規参入し、2シーズンをbjリーグにて活動、その後2013年bjリーグと旧

表1　千葉ジェッツの沿革

1年目	2010年	9月	運営会社株式会社ASPE設立
	2011年	10月	bjリーグ参戦
	2012年	1月	bjリーグとして初めて天皇杯（オールジャパン）出場
	2012年	6月	2013-2014シーズンよりNBLに参入発表
2年目	2013年	6月	bjリーグ退会
3年目	2013年	7月	NBLに正式移籍
	2013年	9月	ISO9001をバスケ界初の取得
4年目	2015年	4月	B LEAGUE参入申請
	2015年	5月	船橋市とホームタウン協定締結
5年目	2015年	7月	船橋市後援会ち上げ
	2015年	7月	B LEAGUE1部参入決定 現在に至る

JBL の統一リーグを目指して誕生した NBL(National Basketball League)へ移籍し、現在 NBL3 シーズン目を戦っている。bj リーグ、NBL の両リーグを経験した唯一のクラブである。

また千葉ジェッツは、クラブ設立以来 4 期連続で黒字経営を実現し、2015 年 7 月には、2016 年 9 月から新たに開幕する統一リーグ B.LEAGUE の 1 部リーグ参入が決定している。また、千葉ジェッツは親会社を持たない独立型のクラブのため、年間 100 回以上の地域活動を実施するなど、地域のクラブとして地道な活動を続けながらも、バスケ界の常識に捉われない挑戦的なクラブとして、新しいことに常にチャレンジし続けている。

(2) 千葉ジェッツの経営状況について

図1は、千葉ジェッツの「売上高」「スポンサー売上」「経常利益」「平均観客動員数」「スポンサー数」「スポンサー平均単価」の推移を示したものである。この中で、千葉ジェッツの経営状況について把握するために、「売上高」「平均観客動員数」「スポンサー数」の推移に着目して考察する。

	2011-2012	2012-2013	2013-2014	2014-2015	2015-2016 (見込)	2016-2017 (目標)
売上高(千円)	215,499	233,878	251,892	378,955	530,000	700,000
スポンサー売上(千円)	147,822	127,324	151,453	291,675	350,000	450,000
経常利益(千円)	5,608	794	1,711	29,298	35,000	40,000
観客動員数(人)	1,143	1,248	1,432	1,909	3,500	4,500
スポンサー数(社)	109	180	246	261	280	300
スポンサー平均単価(千円)	1,356	707	616	1,118	1,250	1,500
所属リーグ	bj リーグ	bj リーグ	NBL	NBL	NBL	B LEAGUE

図1 千葉ジェッツの現状

9 バスケットボールのスポンサーマネジメントについて

①売上高について

「売上高」の推移をみると、参入初年度である 2011-2012 シーズンから現在まで売上高は右肩上がりに成長していることがわかる。特に参入初年度から 3 年間は微増だった売上高が、4 年目となる 2014-2015 シーズンで飛躍的に伸びていることがわかる。これは図 1 の「スポンサー売上」をみてわかるように、スポンサー売上の増加が起因していると考えられる。このようなスポンサー売上の増加は、NBL 移籍に伴い対戦クラブがトヨタ自動車などの大企業を母体とする強豪チームが中心となったことを逆手に取り、法人営業を強化したことが寄与している。具体的には、千葉ジェッツが活動する千葉県は資金力のあるベンチャー企業が多いため、千葉ジェッツをトヨタ自動車などの大企業に立ち向かうチャレンジャーとして位置づけ、「ローカル企業の力を集結して巨大企業を倒す」をキャッチフレーズに、その夢に共感・投資を促す戦略で営業活動を実施している。その結果、スポンサー数、金額の増加につながり、売上高が飛躍的に伸びる要因となった。

②平均観客動員数について

図 1 の「平均観客動員数」をみると、2011-2012 シーズン 1,143 人だった平均観客動員数が 4 年後の 2014-2015 シーズンには 1,909 人まで伸び、毎年右肩上がりに成長していることがわかる。そして現在シーズン中である 2015-2016 シーズンでは 2016 年 1 月 30 日現在において、平均観客動員数 3,489 人を記録し、「B.LEAGUE」に所属する全 45 チームの中でトップの平均観客動員数を誇るまでに成長している。これはメディア露出が難しい首都圏において、「年間 100 回を超える地域活動を地道に続けながら認知を広げている活動が実り始めたこと」に加え、2015 年に船橋市がホームタウン、千葉市がフレンドリータウンになるなど、「行政との連携を強化してしっかりとしたサポート体制を構築したこと」、「千葉県バスケットボール協会の全面的なサポートを受けていること」、「有名選手を獲得したこと」が大きく寄与していると考える。

③スポンサー数について

図 1 の「スポンサー数」をみると、2011-2012 シーズン 109 社だったスポンサー数が 4 年後の 2014-2015 シーズンには 261 社と約 2.4 倍に増えていることがわかる。さらに「スポンサー平均単価」をみると、2013-2014 シーズン約 61 万円／社だったスポンサー平均単価が 2014-2015 シーズンには約 112 万円／社

と1年で約50万円も増加していることがわかる。これより、千葉ジェッツは、スポンサー数だけが増えているわけではなく、実際に1社あたりのスポンサー平均単価も伸びていることから、少なからず千葉ジェッツはスポンサーから協賛意義があるとクラブと評価されていることがうかがえる。

このように、千葉ジェッツは経営が難しいとされている首都圏にあるクラブの中で比較的優れた経営数値を誇っているが、その傾向としてはスポンサー売上の比重が高くなっている。一般的に、首都圏のクラブの経営が難しい要因として、「他の娯楽が多いこと」、「メディアの露出が少ないこと」から、地域への浸透が難しく、なかなか知名度が上がらないため観客動員へつながらず、結果として露出効果が期待できないためスポンサー獲得が難しいということが挙げられる。

しかしながら千葉ジェッツは、2,000人に満たない平均観客動員数であるにも関わらず、多くのスポンサーを獲得できている実情がある。

そこで千葉ジェッツの収入基盤であるスポンサーに着目し、2014-2015シーズンのスポンサー企業とその協賛形態を分類、分析することで、千葉ジェッツのスポンサーマネジメントについての傾向を読み取る。

2　千葉ジェッツのスポンサーについて

（1）千葉ジェッツの協賛形態別金額比率と企業数比率について

2014-2015シーズンにおける千葉ジェッツのスポンサー企業と協賛形態をみると、「地域貢献型スポンサー」「営業協力型スポンサー」「広告型スポンサー」の3つの区分に分類できる。

「地域貢献型スポンサー」は、千葉ジェッツが行う地域貢献活動を企業PRの場として活用する協賛形態や子供たちに対する支援を企業に代わって実施する協賛形態を主とするスポンサーのことをいう。

「営業協力型スポンサー」は、千葉ジェッツが企業の営業活動をサポートする協賛形態を主とするスポンサーのことをいう。

「広告型スポンサー」は、一般的な広告露出を主とするスポンサーのことをいう。

図2は、2014-2015シーズンに千葉ジェッツが獲得したスポンサーの協賛形

9 バスケットボールのスポンサーマネジメントについて

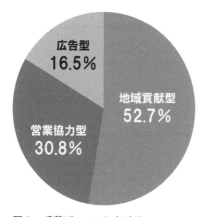

図2 千葉ジェッツにおける
スポンサーの協賛分類
〜2014-2015シーズン協賛金額比率〜

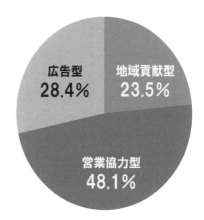

図3 千葉ジェッツにおける
スポンサーの協賛分類
〜2014-2015シーズン企業数比率〜

態を「地域貢献型スポンサー」「営業協力型スポンサー」「広告型スポンサー」の3つの区分に分類し、協賛金額比率として示したものである。また図3は、千葉ジェッツが獲得したスポンサーの協賛形態を3つの区分に分類したものを企業数比率として示したものである。

図2より、全スポンサー売上のうち52.7％が「地域貢献型スポンサー」であり、30.8％の「営業協力型スポンサー」と合わせると83.5％が地域貢献活動、営業協力など何らかの形で千葉ジェッツが協賛企業の活動代行を実施することに関する協賛形態であることがわかる。

また図3をみると、企業数の内訳は、「営業協力型スポンサー」が48.1％と約過半数を占めており、「地域貢献型スポンサー」は23.5％と協賛金額に対して、企業数が少ないことがわかる。つまり、「地域貢献型スポンサー」は1企業あたりの協賛単価が高いといえる。

このことから、「地域貢献型スポンサー」は、千葉ジェッツが2011年より続けている地域活動をうまく活用した協賛形態であり、千葉ジェッツの売上を支えている一つの柱であることがわかる。千葉ジェッツが活動する千葉県のように比較的人口の多い首都圏には、企業価値向上の観点からも地域活動を実施したいという意向を持っている企業が多く存在するが、企業と地域住民との距離感が地方ほど密接ではないため、企業はどのように地域と接点を持っていいの

か分からないというケースを散見する。その問題解決手段の1つとして、企業が千葉ジェッツへ協賛することで企業に代わって千葉ジェッツが地域活動を実施し、この活動を通じて千葉ジェッツが間接的に企業 PR を行うことで、企業単体で地域活動を実施するよりも大きな PR 効果が得られている可能性が高い。なぜならば、千葉ジェッツは地域密着のクラブとして地域に根ざした活動を続けており、地域活動のノウハウがあることに加え、一般的にクラブは中立的な立場として地域内において幅広い活動が可能である場合が多いため、自ずと活動の範囲が広がり、結果として、地域内での協賛企業名の露出効果が高くなることが考えられる。

このように「地域貢献型スポンサー」の協賛形態により、千葉ジェッツは地域活動の資金を得ることができ、企業は地域貢献を通じて企業 PR ができるという WIN＝WIN の関係を構築している。このことは「地域貢献型スポンサー」の次に大きな割合を占める「営業協力型スポンサー」においても同様で、スポンサー特典として、企業の営業活動を千葉ジェッツがサポートすることで、企業は実益を得ることが可能となり、千葉ジェッツと企業間で WIN＝WIN の関係を構築している。ただし、「営業協力型スポンサー」の場合、千葉ジェッツとしての営業協力内容を約束しているケースが多く、少なからずクラブもリスクを負う取り組みとなっている場合が多い。よって、企業にとっては、協賛するクラブとの間に、ある種の営業保証があるため、スポンサーしやすいというメリットがあるが、クラブとしては協賛が得やすいというメリットがある一方、人的労力がかかる上に、リスクヘッジのために企業1社当たりの協賛金額を少なくせざるを得ないなどのマイナス点もある。

しかしながら、「営業協力型スポンサー」という協賛形態も、千葉ジェッツのような発展途上のマイナークラブにおける協賛獲得手法としては有効な手段といえる。

以上より、千葉ジェッツは「地域貢献型スポンサー」「営業協力型スポンサー」のようにクラブと企業間で WIN＝WIN の関係を構築することで協賛を獲得しており、それが毎年売上高とスポンサー数が伸びている要因と考えられる。

それでは次に、具体的にどのような協賛事例があるのか、千葉ジェッツにおいて協賛金額比率の最も高い「地域貢献型スポンサー」の取り組みに着目し、考察する。

（2）千葉ジェッツにおける「地域貢献型スポンサー」の事例

千葉ジェッツにおける「地域貢献型スポンサー」については、大きく分けて2つの協賛パターンに分けられる。1つが「子どもたちをターゲットとした取り組み」、もう1つが「地域内におけるボランティア活動に向けた取り組み」である。以下に代表的な事例を紹介する。

①子どもたちをターゲットとしたスポンサーの事例

千葉ジェッツの実施している子供たちをターゲットとした代表的な事例としては、「KIDSサポートプロジェクト」がある。このプロジェクトは、子どもたちにスポーツへ夢や憧れを抱いてもらうために、トップアスリートの卓越したパフォーマンスを観戦しスポーツの魅力に触れてもらうことに加え、ゲーム運営の舞台裏、スタッフ体験、記者体験などを通じたキャリア体験の場を提供し、千葉県が施策として進めている「みるスポーツ」「支えるスポーツ」の推進を図ることを目的として実施している。

具体的には、千葉県内の小中学校に在学中の児童・生徒1万人を千葉ジェッツホームゲームに招待し、希望者に体験プログラムを実施してもらうという取り組みである。このプロジェクトに対して、協賛企業を募集し、協賛頂いた企業はKIDSサポートプロジェクト特設サイトへのロゴ掲出、児童・生徒に配布するチケットへのロゴ掲出、学校配布チラシへのロゴ掲出、会場配布用チラシへのロゴ掲出などのメリットがある。千葉県教育委員会の後援を取得している事業のため、千葉県教育委員会を通じて協賛企業名の入ったチラシ、チケットを各小中学生ひとりひとりに直接配布してもらうことができ、さらに協賛企業は、千葉県より感謝状とチケット寄付の受理書がもらえるというものである。

一般的に企業が教育委員会管轄の小中学校に直接アプローチすることは難しいと言われている中で、千葉ジェッツという地域に根付いた中立的な立場のクラブを介することで間接的にアプローチすることができるため、多くの協賛を募ることに成功した事例である。

もう1つ子どもたちをターゲットとした「地域貢献型スポンサー」の代表的な取り組みとして、「千葉県プレイヤーズパスプロジェクト」がある。これは、千葉県バスケットボール協会と連携し、千葉県バスケットボール協会登録競技者（以下、県登録競技者という）約3万2000人の権益を活用して協賛を獲得するというものである。

具体的には、県登録競技者に対して「千葉県プレイヤーズパス（以下、パスという）」という千葉ジェッツのホームゲームが無料で観戦できるパスを配布し、そのパスに協賛企業の広告を掲出するというものである。子どもたちはこのパスを財布に入れて持ち歩くことが想定され、企業としては常に企業広告の入ったパスを子供たちに持ち歩いてもらえるというメリットがある。また千葉ジェッツにおいても企業同様、常に千葉ジェッツのパスを持ち歩いてもらえるというメリットのほか、協賛企業に子どもたちの年間観戦チケット代金を一括してお支払頂いている形態を取っているので売上が早期に確保できるうえに、県登録競技者に対する動員活動が行いやすいというメリットがある。

②千葉ジェッツの地域内におけるボランティア活動に向けたスポンサーの事例

次にもう1つの協賛パターンである千葉ジェッツの実施している地域内におけるボランティア活動に向けたスポンサーの代表的な事例としては、千葉ジェッツが年間100回以上行っている地域活動に対する協賛である。具体的には、選手が地域活動として実施しているお祭り参加、ゴミ拾い、児童福祉施設訪問、幼稚園保育園訪問などに着用するTシャツに企業ロゴを掲出するほか、活動を行う場所に企業ロゴが入った横断幕を設置することで企業露出を行う取り組みである。このような地域活動は、新聞・テレビ等の取材を受けることも多く、地域活動の実態がわかりやすいため企業としても協賛しやすいという特徴がある。

3　最後に

このように千葉ジェッツは、クラブ所在地域特性に応じた協賛形態を考え、企業のニーズにあった取り組みを提案することでクラブと企業がお互いにWIN＝WINになる取り組みを創り上げていることがわかる。

つまり、千葉ジェッツのようなマイナークラブにおいては、単なる広告露出だけでは協賛獲得は難しいため、より企業の立場になったスポンサー営業を実施することで、スポンサーと良好な関係を構築することが必要になり、その結果が協賛企業数、協賛金額の増加につながるといえよう。

10 「ファン構造可視化調査」から
ファン・マネジメントを考える

阿部 正三・木内 勝也（株式会社インテージ）

1　はじめに

（1）プロスポーツの課題（プロ野球とJリーグ）

　日本のプロスポーツといえば、観客動員数最多のプロ野球と1993年に10クラブで発足したJリーグが想起されることと思う。どちらも人気があるが、世界のスポーツビジネス市場は日本をはるかに超えて成長している。2014年には1460億ドルを超えると推計されており、そのビジネスの価値は世界中から大きな注目を集めている。

　まずプロ野球とアメリカのメジャーリーグ（MLB）を比べると、最近の15年でその規模に大きな開きが生じている。MLBはビジネス的に成功している一方で、日本のプロ野球は停滞ぎみである。MLBは1995年から2010年の過去15年間で収入を5〜6倍の約5500億円に伸ばしているのに対し、プロ野球は約1400億円規模のままで推移している。MLBはリーグとして全国的ビジネスを手掛け、国際的事業にも取り組んでいるが、日本のプロ野球ではリーグの事業がオールスター戦と日本シリーズに限られている。MLBはリーグ収入を分配する制度があるのに対し、プロ野球にはないこともMLBとプロ野球との差が開いてきている一因と考えられている。

　日本では2004年に球界再編問題が起こり、その後現在までの間に、両リーグの顔ぶれが随分と刷新された。プロ野球球団はその設立の歴史上、親会社の広告宣伝の意味合いがいまだ根強く残っており、自立経営できている球団は数少ないと言われている。しかしながら、いつまでも赤字体質を容認できるわけ

もなく、企業としての経営スタイルの確立が急がれる。

　プロスポーツの経営は、放映権収入やスポンサー収入が大きなウエイトを占める。一方で、ファン層を拡大し、球場やスタジアムへの来場者収入がもっと得られるべきという問題もある。来場者収入を増やしていくためには、実際に球場やスタジアムなどにどういう人たちが足を運んできてくれているのか、何をきっかけに来場されたかをしっかりと把握し、そのためにはどういうマネジメントをすべきか、また、これから新しく足を運んでもらう人をどう取り込み、育成していくのか、ということを考えていかないと、この先、立ち行かなくなってくるものと思われる。ファンを惹き付けるようなマネジメントを展開していくための仕組みを考える上で、ファン行動を客観的に「見える化」することは重要なファクターとなり、科学的なファン育成モデルを描くことが、日本のプロスポーツの発展にとって不可欠である。

（2）プロスポーツのマーケティング

　日本の野球とサッカーを比較すると、その成り立ちや経営形態が大きく異なり、収益構造も違うことがわかる。

　プロ野球の球団は、古くは新聞社や鉄道会社が親会社となって保有したケースが多く、本業発展のための1つの"ツール"になっていた。新聞社にとっては部数拡張に大きな影響を与えたほか、鉄道会社は球場沿線の集客に多大な効果を得た。それが、メディアなどへの露出が増えることに伴い、広告塔の役目を果たすようになり企業の知名度向上などに貢献していった。さらに、1954年に球団経営で生じた赤字を親会社の広告宣伝費として損金扱いできるようになってからは、黒字経営にマインドが働きにくくなるとともに、球団経営に参入する企業も増えていった。

　これに対し1993年に発足したJリーグは、それまでアマチュアで企業のクラブとして運営されてきたチームなどがプロ化した。しかし、地域に密着した運営を目指したことから、クラブの名前は企業名ではなく地域名が入っている。また、クラブの本拠地を「ホームタウン」と呼び、地域社会が一体となってスポーツを楽しむことを目標にしている。このため、プロ野球とJリーグでは、ファン層にもそれぞれの特徴があり、それが球団運営にも表れている。

　かつて、プロ野球はゴールデンタイムの主力番組だった。読売ジャイアンツ

による本拠地（後楽園球場、後に東京ドーム）での試合は、「プラチナチケット」と呼ばれ購入するのが難しい時代もあった。しかし、近年は、社会情勢の変化や趣味の多様化、スター選手の引退・不在などを背景にプロ野球に以前ほどの盛り上がりはない。テレビ中継も大幅に減っている。とはいえ、野球やサッカーは今でも人気のあるスポーツであることに変わりはない。

ただ、球団・クラブチームの実際の競争相手は、時間消費としての他のイベントの参加やショッピング、旅行といった余暇活動にまで広がっている。また、タレントやアイドル、そして他の競技スポーツなどと競争し選択されなければならない。趣味嗜好が多様化している今日において新たなファン層の獲得は容易なことではなく、盤石な経営基盤の構築は重要課題である。

最後に、球団ならびにクラブチームは「スポンサー」と「観客」という2種類の顧客を持っているのが一般的な製造業・流通・サービス業とは異なる特徴である。また、メディアを通して間接的に接触する二次的な顧客（視聴者）も存在する。顧客マネジメントやマーケティングの領域としてはいずれもが対象となるが、本稿では球場やスタジアムの観客を論点の中心とする。

2　ファン構造可視化調査の実施

（1）Jリーグ観戦者調査との対比

では、確固たる経営基盤づくりはどうすべきか。そのヒントを探るために、インテージでは「ファン構造可視化」調査を実施した。調査は、インテージが保有するインターネット調査モニターである「マイティモニター」（会員数2016年11月現在約617万人）に対してプロ野球とJリーグを対象として2015年9月に実施した。

まず予備調査（回答者数52,395人）を実施し、これを受けて、本調査では実際の球場やスタジアムに行った4,864人（プロ野球4,080人、J1リーグ784人）に、2015年シーズン最もよく観戦に行った球場・スタジアムについて回答を得た。まずこの調査の特性について触れておきたい。Jリーグでは毎年観戦者調査結果を公表している。Jリーグが発表しているこの調査とインテージ調査を比較すると、観戦回数とシーズンチケット購入率はJリーグ調査では12回／年でシーズンチケット購入率は47％となっている。これは非常にロイヤリ

n=	0%		50%		100%	女性比率	若年比率	シニア比率	同行者あり比率
セ・リーグ 3578	10	14	16	11	13 5 7 9 7 7	36	15	20	24
パ・リーグ 2185	10	12	14	12	13 5 7 9 8 10	41	17	22	27
J1 1073	14	14	15	12	9 6 8 8 8 7	37	19	15	27

図1　来場者属性

ティの高いコアなファン層の回答が主であることが窺える。一方、インテージ調査では 3.6 回／年で、シーズンチケットを持っている人は一割強だった。その結果から、Jリーグの調査は、観戦に来ている人たちの正確な姿をとらえているものの、それはファンの全体像とは異なるのではないかという問題提起ができる。またインテージの調査では、野球とサッカーを調査しており、両者の比較ができるとともに、今後、同様の調査を他の様々な競技にも展開できるものと考える。

予備調査で、来場者の特性をプロ野球とJ1リーグで見てみると、Jリーグの方が若い人たちを取り込めていることがわかる。また、プロ野球セパ両リーグを比べると、パシフィック・リーグ（以下、パ・リーグ）は女性やシニアの比率が高く顧客層の拡大が進められていることが窺える。（図1）

（2）観戦目的

観戦目的をみると、「好きなチームを応援したいから」、「レジャーとして楽しいから・プロ野球・サッカー観戦が好きだから」、「地元のチームだから」、「友人・家族に誘われたから」、「球場・スタジアムの雰囲気（一体感）が好きだから」「選手やプレーを間近で見ることができるから」といった上位理由のうち、J1リーグとパ・リーグは「地元のチームだから」が2位となっている。Jリーグは地域クラブを理念としていることもあり、また、パ・リーグも各地域に根差したチーム作りを意識していることの結果である。地方はエンターテイメントも少ないので、先に述べたような競合環境の熾烈さは首都圏に比べるとないのかもしれないが、Jリーグのある地方クラブでは、「パチンコが競合になる」と話す代表者もいるくらいである。

さらに各スタジアム別にみると、プロ野球では、例えば「オリックス・バファローズ」が本拠地としている「京セラドーム大阪」に足を運ぶ人の目的は、

どの項目をみても全体平均と比べて低い結果となっている。すなわち、何を目的に球場に足を運んでいるのか、と疑問に思う半面、野球ファンではない人も含めて様々な集客施策により何らかの形で球場に足を運ばせている、という見方もできる。こうしたデータは、各球場やスタジアムがどういう施策を講じた結果かの検証や、観戦目的の中でも何をフックにトライアルやリピートさせるのかを浮き彫りにするとともに、次のアクションを検討する際の一つの指標にもなりえる。各スタジアムの結果の高い低いはもちろんあるが、調査結果を見るだけで各チームやスタジアムの戦略も垣間見えてくる。楽天koboスタジアム宮城では「球場／スタジアムでのイベント・グルメ企画が楽しそうだから」のスコアが全体と比べて高く、まさにボールパーク化を進めていることが窺える。（表1）

（3）チケットと飲食・グッズの販売

　チケット販売については、プロ野球ではその試合数がJリーグよりも格段に多いためか、友人などからもらったタダ券で入場する比率が高い。一方のJリーグは、年間の試合数がプロ野球に比べて少ないこともあって、シーズンチケットの購入比率は1割強とプロ野球に比べて高くなっているのが特徴だ。平均購入金額は、Jリーグよりもプロ野球の方が高く、プロ野球でもパ・リーグよりもセ・リーグの方が若干高くなっている。チケットの平均購入金額はセ・リーグの場合、東京ドームが引き上げている。各スタジアムは様々な券種の発売を試行錯誤しているが、東京ドームのプレミア度合は他に抜きんでているようである。

　スタジアムにとっての来場者収入を考えた場合、チケット収入以外にも飲食やグッズ販売がある。多数の観客に来てもらい、少しでも多くのお金を使ってもらう努力をすることは球団経営にとって重要な要素となる。その視点で見るとサッカーは試合が始まると見入ってしまうが、プロ野球は守備時に購入しに行ったりするので、飲食の平均購入金額はプロ野球が「2,000円以上」なのに対し、Jリーグは「1,500円以下」。また、Jリーグでは、プロ野球に比べて「購入なし」の割合も高い。もちろん試合時間の長短も関係している可能性はある。ただ、一人あたり単価をどう上げていくのかもスタジアム経営には直結している。購入金額についても細かく見れば、各球団別にいくつかその特徴が色濃く

表1 観戦目的

	TOTAL	好きなチームを応援したいから	地元のチームだから	レジャーとして楽しいから	プロ野球・サッカー観戦が好きだから	選手やプレーを間近で見ることができるから	球場／スタジアムの雰囲気（一体感）が好きだから	友人・家族に誘われたから
セ・リーグ	3578	46	19	30	30	22	27	29
東京ドーム（読売ジャイアンツ）	1067	42	4	30	31	20	22	31
明治神宮野球場（東京ヤクルトスワローズ）	308	41	6	33	34	23	31	32
横浜スタジアム（横浜DeNAベイスターズ）	345	45	31	31	30	21	25	26
ナゴヤドーム（中日ドラゴンズ）	567	41	31	27	29	22	22	30
阪神甲子園球場（阪神タイガース）	814	54	15	31	28	24	33	30
MAZDAZoom-Zoomスタジアム広島（広島東洋カープ）	477	51	46	29	26	25	36	25
パ・リーグ	2185	43	40	31	31	29	29	28
札幌ドーム（北海道日本ハムファイターズ）	432	48	51	27	31	31	28	24
楽天koboスタジアム宮城（東北楽天ゴールデンイーグルス）	306	30	51	35	24	28	26	34
QVCマリンフィールド（千葉ロッテマリーンズ）	185	49	39	38	43	34	40	31
西武プリンスドーム（埼玉西武ライオンズ）	234	47	27	35	32	33	28	24
京セラドーム大阪（オリックス・バファローズ）	309	38	15	22	31	18	16	30
福岡ヤフオク！ドーム（福岡ソフトバンクホークス）	719	46	43	33	31	30	33	29
J1リーグ	1073	48	43	26	31	33	27	25

出てくることがある。楽天koboスタジアム宮城は先にボールパーク化への進化が窺えると記載したが、まさに飲食の平均購入金額では12球団随一である。（表2）

（4）来場回数分布と目的・満足度

　こうした状況を踏まえて、2014年シーズン（昨シーズン）と2015年シーズン（今シーズン）の来場状況の詳細について本調査から触れてみたい。なお、サンプル数の関係で以下の分析はプロ野球に限定される。

10 「ファン構造可視化調査」からファン・マネジメントを考える

(%)

応援しているチームの成績が良いから	好きな選手を応援したいから	試合中にすばらしいプレーを見ることができるから	日常のストレスや疲れから解放されたいから	球場/スタジアムの交通アクセスが良いから	球場/スタジアムでのイベント・グルメ企画が楽しそうだから	応援しているチームが地域に貢献しているから	対戦相手との試合が魅力的だから	球場/スタジアムのサービス対応が良いから	周囲で盛んに話題になっているから	その他
17	13	11	14	11	6	3	4	3	2	4
17	14	11	13	9	4	2	5	3	2	4
22	14	13	15	19	9	1	8	4	2	3
19	12	10	16	23	7	4	6	3	1	3
6	11	9	11	5	6	3	3	1	0	4
26	12	12	17	8	7	2	3	2	3	3
10	14	13	16	11	9	8	3	5	5	3
19	17	15	15	10	10	8	5	5	1	3
22	19	16	14	7	11	11	4	3	1	5
3	14	12	13	8	16	12	5	6	1	4
5	21	22	20	15	15	6	6	7	2	3
14	21	17	17	15	10	6	8	6	0	2
8	10	7	9	13	6	1	5	4	0	6
34	17	18	16	8	6	7	4	5	2	3
14	19	19	16	11	6	10	8	3	1	4

　便宜上、年間8回以上来ている人（月1回以上のペース）を「ウルトラヘビー（UH）」とし、4〜7回が「ヘビー（H）」、2〜3回が「ミドル（M）」、1回を「ライト（L）」としてセグメント化した。これを昨シーズンと今シーズンとでスタジアムごとにクロスしてみると、一概に両シーズン通じて足を運んでくれている人ばかりではないことが確認できる。例えば、2015年に優勝した「東京ヤクルトスワローズ」の本拠地「明治神宮野球場」やDeNAになってからさまざまな施策を実施し注目を集めていた「横浜DeNAベイスターズ」の本拠地「横浜スタジアム」は、今シーズンのライト層でも昨シーズン来場がなかったエン

表2　チケット・飲食・グッズ平均購入金額

		n=	チケットもらった率（%）	チケット平均購入金額（円）	飲食平均購入金額（円）	グッズ平均購入金額（円）
セ・リーグ	東京ドーム（読売ジャイアンツ）	1067	32	9,617	2,396	1,395
	明治神宮野球場（東京ヤクルトスワローズ）	308	23	2,948	2,231	958
	横浜スタジアム（横浜DeNAベイスターズ）	345	27	3,654	2,071	1,267
	ナゴヤドーム（中日ドラゴンズ）	567	34	3,018	2,090	964
	阪神甲子園球場（阪神タイガース）	814	25	5,685	2,380	1,440
	MAZDAZoom-Zoomスタジアム広島（広島東洋カープ）	477	20	4,271	2,405	2,435
パ・リーグ	札幌ドーム（北海道日本ハムファイターズ）	432	27	3,830	1,720	1,399
	楽天koboスタジアム宮城（東北楽天ゴールデンイーグルス）	306	30	5,609	3,285	1,799
	QVCマリンフィールド（千葉ロッテマリーンズ）	185	22	3,099	1,939	1,178
	西武プリンスドーム（埼玉西武ライオンズ）	234	26	3,127	2,456	1,365
	京セラドーム大阪（オリックス・バファローズ）	309	25	3,612	1,653	915
	福岡ヤフオク！ドーム（福岡ソフトバンクホークス）	719	35	4,064	2,360	1,466

トリー層の比率が46％と高い。この人たちは新たなファンとして獲得されたということであるし、こういった形でどんどん新規層の開拓が進むことが望まれる。逆に来なくなった流出層はなぜ来なくなったのか、あるいは、頻度が上がりよく来るようになった人たちは、なぜ、足を運ぶようになったのかを解明していくことで今後のファン育成やロイヤリティを高めていく示唆を得られるだろう（表3-1、3-2）。

（5）最大期待価値と「今後観戦意向」、「他者推奨意向」

　観戦時の最大期待価値を見てみると、プロ野球の場合はヘビー層になればなるほど、「好きなチームを応援して楽しみたい」という傾向が色濃くでている。チームに対してのロイヤリティが第一であるという人が多い。逆に観戦経験1回のみのライト層では、「球場やスタジアムの雰囲気を楽しみたい」「プロのプ

10 「ファン構造可視化調査」からファン・マネジメントを考える

表3-1　2014年・2015年両シーズンの観戦回数（セ・リーグ）

（横%）

		n=	2014年シーズン				観戦なし
			UH	H	M	L	
●明治神宮野球場（東京ヤクルトスワローズ）							
2015年シーズン	TOTAL	134	11	17	31	18	23
	UH	14	71	14	14	0	0
	H	27	19	37	33	4	7
	M	41	0	24	51	12	12
	L	52	0	2	17	35	46
●東京ドーム（読売ジャイアンツ）							
2015年シーズン	TOTAL	641	8	15	28	27	21
	UH	42	71	12	10	5	2
	H	69	22	49	26	1	1
	M	185	4	23	50	11	12
	L	345	0	3	20	44	32
●阪神甲子園球場（阪神タイガース）							
2015年シーズン	TOTAL	538	12	17	31	23	17
	UH	45	78	12	2	2	2
	H	75	28	53	16	1	1
	M	173	2	23	51	14	10
	L	245	2	3	27	40	29

		n=	2014年シーズン				観戦なし
			UH	H	M	L	
●MAZDA Zoom-Zoom スタジアム広島（広島東洋カープ）							
2015年シーズン	TOTAL	314	8	20	30	21	21
	UH	32	56	22	9	6	6
	H	57	11	51	26	7	5
	M	95	1	18	49	12	20
	L	130	0	7	22	38	33
●ナゴヤドーム（中日ドラゴンズ）							
2015年シーズン	TOTAL	328	9	15	28	28	21
	UH	27	78	19	4	0	0
	H	31	16	55	19	3	6
	M	99	4	47	17	21	
	L	171	1	3	22	43	31
●横浜スタジアム（横浜DeNAベイスターズ）							
2015年シーズン	TOTAL	183	5	16	34	19	25
	UH	19	42	42	5	0	11
	H	28	7	43	32	7	11
	M	68	0	15	51	19	15
	L	68	0	0	25	29	46

※ n=30 未満は参考値

UH：観戦回数8回以上
H：観戦回数4〜7回
M：観戦回数2〜3回
L：観戦回数1回のみ

レーを見て楽しみたい」という傾向が強く、最初のきっかけづくりとしてはこれらが重要な視点になる。一方で、最初に触れた観戦目的については、ライト層ほど明確な動機が持てておらず、「友人や家族に誘われた」というのが全体と比べて高くなる。故にエントリーさせるためには周囲からのお誘いで「雰囲気を楽しみたい」という思いを強くすることが1つの方策になると考える。

　また、「満足度」や「リピート意向」、「推奨意向」を調べると、2015年のパ・リーグ覇者の「福岡ソフトバンクホークス」の本拠地「福岡ヤフオク！ドーム」

表3-2　2014年・2015年両シーズンの観戦回数（パ・リーグ）

（横%）

| | | n= | 2014年シーズン ||||| | | n= | 2014年シーズン |||||
			UH	H	M	L	観戦なし				UH	H	M	L	観戦なし
●福岡ヤフオク！ドーム （福岡ソフトバンクホークス）								●西武プリンスドーム （埼玉西武ライオンズ）								
2015年シーズン	TOTAL	472	11	16	34	24	15	2015年シーズン	TOTAL	141	16	13	23	27	21
	UH	41	76	17	7	0	0		UH	21	90	10	0	0	0
	H	61	21	46	30	3	0		H	26	12	46	23	4	15
	M	165	2	20	55	13	9		M	35	3	9	54	23	11
	L	205	2	3	24	42	28		L	59	0	2	14	49	36
●札幌ドーム （北海道日本ハムファイターズ）								●京セラドーム大阪 （オリックス・バファローズ）								
2015年シーズン	TOTAL	300	13	18	33	21	16	2015年シーズン	TOTAL	181	11	13	28	25
	UH	40	73	25	3	0	0		UH	16	81	13	0	0	6
	H	42	12	45	29	2	12		H	20	20	50	10	20	0
	M	96	3	22	54	14	7		M	37	8	22	46	19	5
	L	122	1	2	28	39	30		L	108	1	0	23	36	40
●QVCマリンフィールド （千葉ロッテマリーンズ）								●楽天koboスタジアム宮城 （東北楽天ゴールデンイーグルス）								
2015年シーズン	TOTAL	112	20	21	21	18	21	2015年シーズン	TOTAL	214	14	15	29	24	17
	UH	14	86	14	0	0	0		UH	22	73	14	9	5	0
	H	23	35	48	13	0	4		H	32	31	38	16	9	6
	M	27	4	33	37	15	11		M	65	6	28	42	14	11
	L	48	2	2	23	33	40		L	95	1	0	29	40	29

※ n=30未満は参考値

UH：観戦回数8回以上
　H：観戦回数4〜7回
　M：観戦回数2〜3回
　L：観戦回数1回のみ

は満足度、リピート意向、推奨意向とも高く理想のスタイルといえる。実際に、来場者数も好調で、チーム成績が良いというものあるが、1つの成功例とみることができるのではないだろうか。逆に京セラドームは一定の満足度はあるものの、リピート意向や推奨意向は高くない。年間1〜2回のライト層がたくさん来ているということもあると思われるが、その人たちをまた来たいと思わせるところに課題がありそうである。

3 ファン・マネジメントへの活用可能性と今後の課題

　以上は調査結果の一部にすぎないが、各チームが置かれた状況が違うので、ファン・マネジメント状況は各社まちまちであるような結果となった。チームやスタジアムのロイヤリティを上げるために、顧客毎にそれぞれ違うアプローチをしていくことが求められる。各スタジアムの問題点をしっかりと説明できる要素を今後解明していき、ファン・マネジメントに如何に活用していくかが重要になる。

　なお、今回のインテージの調査は球場やスタジアムへの観戦者だけを追いかけてきた。逆にいうと、今年足を運んでいない人は追えていない。大多数の未だ観戦経験のない方々のトライアル構造の解明も含めたファン構造全体の把握が今後の課題となる。継続して調査分析を進めることで、様々な顧客層の属性や、その人たちを振り向かせるにはどうしたらいいのか、ということに迫る情報ソースがプロ野球界またはJリーグ全体のマネジメントに欠かせないものであると考える。

【参考文献】
武藤泰明（2013）『プロスポーツクラブのマネジメント』東洋経済新報社.
平田竹男（2012）『スポーツビジネス最強の教科書』東洋経済新報社.

11

ファン・マネジメント研究の必要性
―ファンを獲得するための消費者行動研究―

松岡 宏高 (早稲田大学)

1 ファン・マネジメント研究とは？

　ファン・マネジメントに関わる研究というと、プロスポーツクラブ・球団やリーグがファンを獲得し、維持するためのマーケティング活動を含めたマネジメントに関わる研究と、試合運営の妨害や倫理的問題行動を起こすファンを管理するマネジメントに関わる研究の2種類が浮かび上がる。国内外の学術誌や学会大会発表内容を概観すると、前者のテーマに関する研究が多く見られるが、実際のところはどのようであろうか。

　英語で記載されている文献に限られるが、スポーツ科学に関するデータベースである「SPORTDiscus」を用いて、「Fan」と「Management」という2つのキーワードの両方が含まれている学術誌掲載論文を検索した。1984年以降の文献が含まれ、2016年1月20日現在で569件が確認された。その中で、著者名に「Fan」が含まれているもの、およびスポーツに直接的な関わりのないものを除いて、表1に示したように405件が「Fan」および「Management」に関連する学術論文であることがわかった。

　その405件それぞれの

表1 「ファン」と「マネジメント」に関する学術論文

研究分野	文献数	％
Sociology	60	14.8%
Administration	28	6.9%
Psychology	150	37.0%
Business	102	25.2%
Marketing	141	34.8%
Economic	65	16.0%
その他	10	2.7%
合計	405	100.0%

＊複数の研究分野に含まれる文献あり

内容について、「SPORTDiscus」に登録されている研究分野ごとに分類した結果、最も多くの150件がPsychology分野に関連の論文であった。次いで141件がMarketing、102件がBusiness、65件がEconomic、60件がSociology、28件がAdministration、そして10件がその他の研究分野に関わる研究であった。なお、複数の研究分野に関わる論文もあるため、上記の件数を合計すると総論文数を超える。このように確認すると、冒頭で述べた前者、つまりファンの心理的側面に着目するマーケティングの中でも消費者行動研究に分類されるものが多いようである。表2に示したように、23件がPsychologyとMarketingの両分野に登録されていた。ここではFanとManagementというキーワードに限定して検索しているため、実際にはPsychologyとMarketingに跨るスポーツファンの研究の数はより多いであろう。

この学術研究リストを見ると、「Loyalty（忠誠心）」や「Identification（帰属意識）」といったスポーツ消費者行動研究で頻繁に扱われる社会心理的変数が目立つ。やはり、プロスポーツにおいてファンを獲得・確保するためのマネジメントにおいては、ファンのスポーツチームに対する心理的なコミットメントが鍵を握っているようである。

2　ファンの心理的コミットメントという概念

ファンのスポーツチームに対する心理的コミットメント（忠誠心や帰属意識を含む）は、スポーツファンに特有の消費行動を導く重要な変数として考えられている。これが、このような変数を含むスポーツファンに関する研究に多くの注目が集まる所以である。

多くのファンはたとえチームの成績が悪い時であっても、いつもと変わりなく繰り返し試合会場へと足を運ぶ。この状況はプロダクトの良し悪しによって再購入するか否か、他のブランドへスイッチするか否かについて意思決定が行われる一般的な消費行動とは明らかに異なる（Parker & Stuart, 1997）。例えば、ある顧客があるレストランにおいて極めて質の低いサービスを受けた場合、次回は質の高いサービスを受けることが期待できる別のレストランを探して利用するであろう。しかし、多くのスポーツファンは、試合に負けても、その負けが続いても、何年も優勝しなくても、つまり質の低いプロダクトを提供されて

11 ファン・マネジメント研究の必要性

表2 「Psychology」と「Marketing」分野のファン・マネジメント関連研究

Title	Soc	Admin	Psy	Biz	Mktg	Econ
Sport fans and their teams' redesigned logos: an examination of the moderating effect of team identification on attitude and purchase intention of team-logoed merchandise.			o		o	
Conative loyalty of latino and non-latino professional baseball fans.			o		o	
For love or money: developing and validating a motivational scale for fantasy football participation.			o		o	
Brand image and fan loyalty in professional team sport: a refined model and empirical assessment.	o		o		o	
Using optimal distinctiveness theory to understand identification with a nonlocal professional hockey team.	o		o		o	
Sport sponsorship: the relationship between team loyalty, sponsorship awareness, attitude toward the sponsor, and purchase intentions.			o		o	
Sport fans' sponsorship evaluation based on their perceived relationship value with a sport property.			o	o	o	
Sport spectator consumption behavior.			o		o	o
Spectator motives: why do we watch when our favorite team is not playing?	o		o	o	o	
Evolutionary psychology: new perspectives on sport marketing?			o		o	
Measuring attitudinal loyalty: separating the terms of affective commitment and attitudinal loyalty.			o		o	
Motives and points of attachment: fans versus spectators in intercollegiate athletics.			o		o	
The relationship between sport team identification and the need to belong.		o	o		o	
Fantasy sport consumer segmentation: an investigation into the differing consumption modes of fantasy football participants.			o		o	
A study of collegiate baseball: examining sport fan motivation and marketing implications.			o		o	
The puck stops here: a brief report on national hockey league fans' reactions to the 2004-2005 lockout.			o		o	
Relationships among spectator gender, motives, points of attachment, and sport preference.			o		o	
An exploratory study of spectators' motivation in football.			o		o	
Creating value through membership and participation in sport fan consumption communities.			o		o	
Effects of service dimensions on service assessment in consumer response: a study of college football season ticket holders.			o		o	
The influence of product involvement and fan identification on sponsorship effects.			o		o	
Psychological factors associated with motivation of mediated mixed martial arts (mma) consumption: a structural model of risk taking, aggression, identification, and motivation.			o	o	o	
The role of service quality and ticket pricing on satisfaction and behavioural intention within professional football.			o		o	

(Soc:Sociology, Admin:Administration, Psy:Psychology, Biz:Business, Mktg:Marketing, Econ:Economic)

も(試合そのものだけがプロダクトではないが)、試合会場へ足を運び、あるいはメディアを通して観戦し、応援しているチームのファンをやめることはない。このユニークなファンの消費行動を説明できるのが、スポーツチームに対する心理的なコミットメントという概念である。

心理的コミットメントという概念は、ロイヤルティの構成要素の1つであり、ロイヤルティの行動的側面(Behavioral Loyalty)に対する心理的側面(Attitudinal Loyalty)を指している(例:Dick & Basu, 1994; Mahony et al., 2000)。過去の研究においては、「Team Loyalty」、「Fan Loyalty」、「Team Identification」などと呼ばれ、その定義には研究者によって多少の違いが見られる。この概念の構成要素の再検討および適切に定義する作業も必要ではあるが、ここでは心理的コミットメントを「スポーツチームに対してファンが抱く感情的・心理的な愛着」と定義しておきたい。

この心理的コミットメントは、ファンの消費行動にポジティブな影響を与えることが、これまでの研究において明らかにされてきたが、その多くの研究がコミットメントを独立変数にして、行動的変数(例えば、観戦頻度、観戦意図など)を従属変数に設定するという比較的単純な関係の解明に止まっている。しかし、実際の消費行動は相当に複雑な意思決定を伴うものである。ファンの消費行動をより詳しく理解するためには、その意思決定過程の各ステージにおいて、心理的コミットメントがどのような影響を与えているのかといった詳細な分析が必要である。以下では、消費者としてのスポーツファンの意思決定過程に沿って、心理的コミットメントの影響について検討を行う。

3　ファンの消費意思決定過程と心理的コミットメント

(1) 消費者の意思決定モデル

消費者の意思決定モデルは様々あるが、ここでは極めてシンプルな、Blackwell, Miniard & Engel (2001)によるモデルを用いることとする。図1に示すように、このモデルには5つのステージが含まれているが、「ニーズの認知」、「情報探索」、「購買前の代案の評価」、「購買後の評価」という、購買・消費の前後にある4つのステージを取り上げ、各ステージにおけるスポーツチームに対するファンの心理的コミットメントの影響とその重要性について議論を進め

る。

（2）ニーズの認知

消費者の意思決定過程の最初のステージは、ニーズの認知、または問題の認識である。ニーズの認知に結びつく要因の解明も重要であるが、ここではニーズそのもの、つまりスポーツファンの動機づけ要因に焦点を当て、チームに対する心理的コミットメントの重要性を探る。

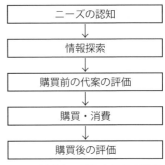

図1　消費者の購買意思決定過程
（Blackwell et al.(2001)より）

まず、「Attachment」と名付けられたスポーツチームまたは選手に対する愛着が、スポーツ観戦における動機づけ因子の1つとして位置付けられている（例：Funk et al., 2002）。つまり、心理的コミットメントそのものが、スポーツ観戦におけるニーズと捉えることができる。一方で、心理的コミットメントという概念が基になって生成されている動機づけ要因も存在する。Wann（1995）による「自尊心（self-esteem）」および Trail & James（2001）や James et al.（2009）らが用いている「達成感（achievement）」という動機づけ要因は、成績の良いチームや選手との心理的距離を縮め、彼ら・彼女らの成功に肖って自尊心を向上させる、あるいは達成感を得るというメカニズムに基づいている。このように心理的コミットメントはファンがスポーツ観戦する動機を生み出す重要な要因であることがわかる。さらにコミットメントが動機づけ要因そのものとして、ニーズの認知というステージで重要な役割を果たしている可能性も示唆される。

（3）情報探索

ニーズを認知した後は、消費者はそのニーズを満たすことができるプロダクトを探し始める。この情報探索の段階においても、心理的コミットメントの影響が存在する。まず、消費者の購買行動への関わり方の度合いは、外部探索（External Search：記憶の中の情報が十分でない場合に外部の情報を探索する）に費やす時間と努力の決定要因の1つとして考えられている（Beatty & Smith, 1987）。特に、購買という行動に対する関わり方の深さが購買直前の探索を導

くのと比較して、プロダクトに対する関わりの深さは継続的な探索に影響を与えると考えられている（Bolch, Sherrell, & Ridgway, 1986）。つまり、スポーツチームに対する関与レベルが高い消費者は、常に多様なメディアを通してチームに関する情報の検索を続けているため、日常的に何らかの情報を保持している。彼らは購買直前になって改めて外部探索をする必要がないというわけである。

このような因果関係はスポーツファンを対象とした研究でも明らかにされている。Wann & Branscombe（1995）は、チームアイデンティフィケーションのレベルとチームに関する知識レベルにおけるポジティブな関係を明らかにした。つまり、心理的コミットメントが高い消費者は、自身の記憶の中にチームに関する情報を保持しているために外部探索を行わず、即座に次のステージである評価、そして購買へと移行すると考えられる。あるいは外部探索が必要であったとしても、探索に必要な手段をすでに知っているため、比較的早く購買につながる意思決定が行われる可能性が高いとも考えられる。

さらにこのような情報を持つ心理的コミットメントが高いファンは、情報発信源としても期待される。情報技術が劇的に進化した現在では、ソーシャルメディアを通した「C to C」の情報は発信が行いやすく、彼ら・彼女らが他のファンや一般消費者の情報探索に影響を与えることができる。

（4）購買前の代案の評価

情報探索を終えると、消費者は最終的な選択を行うための代案の評価を行う。このステージで重要な要素である評価の基準として、中核となるのがサービスクオリティである。このサービスクオリティに対する消費者の知覚は、購買前の評価における重要な決定要因の1つであるということが一般的に理解されている（例：Parasuraman et al., 1988; Cronin & Taylor, 1992）。しかし現実的には、サービスを購買前に評価することは難しく、時に不可能である。スポーツ観戦の中核プロダクトである試合そのものの内容や質に関しては、過去のチームの成績等からある程度の予測は可能であっても、試合が終わってみないとその評価を下すことはできない。そのため、研究者たちの間では、スポーツ観戦事業においては、物理的環境要因が重要であるとも考えられてきた。スタジアムへのアクセス、施設の美しさや利用しやすさ、スコアボード、座席などが、顧客の満足や再観戦意図にポジティブな影響を与えることが明らかにされてい

る（Wakefield & Blodgett, 1996; Yoshida & James, 2010）。

　しかしながら、こういった物理的要因はそれほど重要な評価基準にはならないのではないかという見解もある。Crozier & Mclean（1997）の報告によれば、多くの消費者は自身が利用したサービスプロバイダーと他のプロバイダーとの比較方法を知らない、あるいは他のプロバイダーと比べてもそれほど変わりはないとの見解を持っている傾向がある。実際にスポーツマーケティング研究において、スタジアムの物理的環境要因の観戦意図に与える影響はそれほど強くなく、むしろチームロイヤルティの影響のほうが強いという分析結果が報告されている（Wakefield & Sloan, 1995）。つまり、サービスクオリティの一要素である物理的環境要因に対する消費者の評価よりも、消費者のチームに対する心理的コミットメントのほうが、消費者の購買における重要な決定因子であることが示唆される。

（5）購買後の評価

　サービスの購買、消費が行われた後、観戦者は獲得したサービスの評価を始める。この購買後の評価は、満足あるいは不満足という反応を導く。購買後に生まれる1つ1つの満足の積み重ねは、累積的満足（Cumulative Satisfaction）を導き、さらにブランドあるいはサービスに対するロイヤルティが創造される。そして満足は、直接的に、あるいは累積的満足およびロイヤルティを介して間接的に再購買行動にポジティブな影響を与えるということが共通に理解されている（Garbarino & Johnson, 1999）。そのため、消費者満足は消費者行動をマネジメントする上での鍵となると一般的に考えられている。

　しかしながら、スポーツ観戦の消費においてはこのモデルでは説明できない行動がある。低レベルのパフォーマンスやチームの大敗に対して、人々は罵声を浴びせ、怒りをぶちまけながら帰路につく。そこに不満足という結果が存在していることは間違いないであろう。そして、もう二度と観戦したくないと思い、彼ら・彼女らの中に再観戦意図が生まれる可能性が極めて低くなる。ところが、また試合会場へ足を運ぶファンがいる。むしろそのような一般的な消費意思決定モデルに合致しない行動をとるファンの方が多い。このようなファンは不満足を得ても再観戦意図を持ち、そして再観戦行動を起こす。やはりファンの消費行動には、図2内の左上から右下にかけて示されている「満足→再購

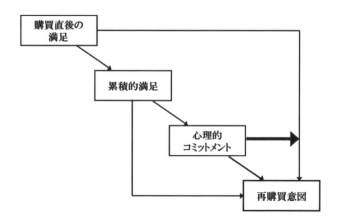

図2　観戦後の心理的変数と心理的コミットメントの関係（松岡（2008）より）

買意図」の構図は当てはまらないのであろうか。

　このスポーツファンに特有の消費行動を説明するために、Matsuoka, Chelladurai & Harada（2003）はチームアイデンティフィケーションの影響についての検討を試みた。彼らは、「満足→再購買意図」の関係をアイデンティフィケーションがコントロールするというモデルを検証した。その研究結果によると、アイデンティフィケーションレベルの低いファンの間では再観戦意図に対する満足の影響は強く、高いファンの間では再観戦意図に対する満足の影響が弱い傾向が確認されている。つまり、前者においては観戦後に不満足を得ると再観戦意図が低くなるのに対して、後者においては不満足を得た時にでも再観戦意図は高く保たれる。図2に太線で示したように、観戦後に知覚される満足・不満足の再観戦意図への影響を心理的コミットメントがコントロールすると考えられる。

4　まとめ

　本稿において、スポーツファンのチームに対する心理的コミットメントは、スポーツ観戦における消費意思決定過程の各ステージにおいてポジティブな影響を与えており、観戦行動を促す重要な要因であることが改めて確認された。この結果から、ファンを獲得し、長く維持するためのマーケティング活動を含

めたマネジメントに関わるプロスポーツクラブ・球団の関係者にとっては、この心理的要因を高めることがますます重要課題であることが再確認できた。この心理的コミットメントを高める方法としては、顧客満足の積み重ね、地域貢献活動、チームの歴史を想起できる取り組みなどが挙げられるが、詳しくは関連文献を確認されたい（例：Milne & McDonald, 1999）。

　また、スポーツマネジメント研究者にとっても、この変数がスポーツファンや観戦者の消費行動を解明するための鍵であることが再認識できた。ただし、意思決定過程のすべてを含むモデルの解析に取り組むと、変数が多く複雑になるため、その有効性の検証が困難になる。したがって、ある程度モデルの特定部分に注目した実証的研究の繰り返しが必要であろう。そのために、まずはスポーツファンとその消費行動を取り巻く各変数の概念の検討、およびそれらを測定するための妥当性と信頼性の高い尺度の開発も必要である。

【文献】
Blackwell,R.D., Miniard, P.W., & Engel,J.F. (2001) Consumer behavior (10 th.). South-Western.
Beatty, S. E., & Smith, S. M. (1987) External search effort: An investigation across several product categories. Journal of consumer research, 83-95.
Bloch, P. H., Sherrell, D. L., & Ridgway, N. M. (1986) Consumer search: An extended framework. Journal of consumer research, 119-126.
Cronin, Jr. J. J., & Taylor, S. A. (1992) Measuring service quality: A reexamination and extension. Journal of Marketing, 56, 55-68.
Crozier, D. A., & McLean, F. (1997) Consumer decision-making in the purchase of estate agency services. Service Industries Journal, 17(2), 278-293.
Dick, A. S., & Basu, K. (1994) Customer loyalty: Toward an integrated conceptual framework. Journal of the Academy of Marketing Science, 22(2), 99-113.
Funk,D.C., Mahony,D.F., and Ridinger,L.L. (2002) Characterizing consumer motivation as individual difference factors: augmenting the Sport Interest Inventory (SII) to explain level of spectator support. Sport Marketing Quarterly, 11(1), 33-43.
Garbarino, E., & Johnson, M. S. (1999) The different roles of satisfaction, trust, and commitment in customer relationships. Journal of Marketing, 63, 70-87.
James, J. D., Fujimoto, J., Ross, S. D., & Matsuoka, H. (2009) Motives United States and Japanese professional baseball consumers and level of team identification. International Journal of Sport Marketing and Management, 6(4), 351-366.
Mahony, D. F., Madrigal, R., & Howard, D. (2000) Developing the psychological commitment to team (PCT) scale to segment sport consumers based on loyalty. Sport Marketing Quarterly, 9(1), 15-25.
松岡宏高（2008）概念装置としてのスポーツ消費者．原田宗彦編：スポーツマーケティング（pp.67-89）．大修館書店：東京．

Matsuoka,H., Chelladurai,P., & Harada, M. (2003) Direct and interaction effects of team identification and satisfaction on intention to attend games. Sport Marketing Quarterly, 12(4), pp.244-253.

Milne, G.R., & McDonald,M.A. (1999) Sport marketing: Managing the exchange process. Sudbury, MA: Jones and Bartlett Publishers: Sudbury, MA, USA.

Parasuraman, A., Zeithaml, V. A., & Berry, L. L. (1988) Servqual. Journal of retailing, 64(1), 12-40.

Parker, K., & Stuart, T. (1997) The West Hum syndrome. Journal of the Market Research Society, 39(3), 509-517.

Trail,G., & James,J. (2001) The motivation scale for sport consumption: Assessment of the scale's psychometric properties. Journal of Sport Behavior, 24(1), 108-127.

Wakefield, K.L., & Sloan, H.J. (1995) The effects of team loyalty and selected stadium factors on spectator attendance. Journal of Sport Management, 9, 153-172.

Wakefield, K. L., & Blodgett, J. G. (1996) The effect of the servicescapes on customers' behavioral intentions in leisure service settings. Journal of Services Marketing, 10(6), 45-61.

Wann,D.L. (1995) Preliminary validation of the sport fan motivation scale. Journal of Sport and Social Issues, 19, 377-396.

Wann, D. L., & Branscombe, N. R. (1995) Influence of identification with a sports team on objective knowledge and subjective beliefs. International Journal of Sport Psychology, 26, 551-567.

Yoshida, M., & James, J. D. (2010) Customer satisfaction with game and service experiences: Antecedents and consequences. Journal of sport management, 24(3), 338-361.

12 地域密着と地域スポーツ振興をめぐる一考察

武藤 泰明 (早稲田大学)

1 はじめに

プロスポーツをはじめとして、いろいろなスポーツのチームが、地域密着を標榜し、実行している。Ｊリーグはドイツをはじめとする欧州のサッカークラブを手本とし、ホームタウンを定義している。バスケットボールの bj リーグも同様で、このたび日本リーグと統合して発足する B. リーグも加盟するチームが地域クラブとなることを求めている。プロ野球では、とくに本拠地を変更・設定したパ・リーグの各チーム、具体的には北海道日本ハム、千葉ロッテ、東北楽天などが地域活動に力を入れている。

プロだけではない。女子のバスケットボールも、リーグ戦をホーム＆アウェイ方式で実施している。ラグビーのトップリーグはプロ化「しない」ことを了解事項としているが、加盟するチームには地域貢献活動を求めている。

このような地域密着のトレンドは、1993 年にはじまったＪリーグの成功を見、これに追随するものと言ってよいだろう。その意味では、Ｊリーグはスポーツに地域密着というモデルを提供したのである。

プロスポーツが地域を重視するのは、当然のことである。そこには顧客がいるからだ。小稿（2010）にも述べたように、プロスポーツの地域密着や地域重視は、何より営業活動そのものである。手間のかかる活動であるにもかかわらずプロチームが地域活動を行うのは、それが経済的な成果につながるからである。

ところで、これを逆から見るなら、Ｊリーグ以前の日本のスポーツは、地域

を成果の源泉として認識していなかったと言えるのだろう。ここで「成果」としたのは、地域活動をするスポーツ組織の目標が、経済的でないものを含む、というより経済的なものではないことが一般的だからである。そして、Ｊリーグに続くプロスポーツ、企業スポーツ、あるいは大学、そして言うまでもなく総合型地域スポーツクラブは、今や地域を成果の源泉、あるいは働きかけの対象と考えている。これは、Ｊリーグが創立当初に百年構想を掲げ、地域スポーツ振興を目指すと宣言した時点、つまり 1993 年には、おそらく想定されていなかったものと思われる。

本稿が以下で試みるのは、このような「想定外の展開」の中で、地域スポーツ振興に何が起きたのかを記述することである。もちろん、現実はつねに現在進行形であり、様々な新しい動きが生まれているので、本稿は書き終えるそばから陳腐化していく性格のものになるが、少なくともこの 20 年余に、どのような「想定外の展開」が起き、これが様々なスポーツ組織と地域住民に何をもたらしたのかについて、整理しておくことには意味があるように思われる。

2　ドイツの地域密着、日本サッカーの地域密着

冒頭に述べたように、日本のＪリーグは、地域スポーツの振興を理念として掲げ、ホームタウンを活動の拠点とするという点において、欧州、とくにドイツのブンデスリーガをモデルとしているということができる。しかしよくみると、ブンデスリーガ各クラブは、確かにＪリーグのモデルではあるが、Ｊリーグはブンデスリーガのコピーではない。

（1）外形のちがい

はじめにブンデスリーガを見るなら、これに属するクラブは、歴史的には、地域スポーツクラブの内部組織であった。これらのスポーツクラブは、日本の総合型スポーツクラブに近いものということができる。というより、日本の総合型が、欧州の地域クラブのコピーである。

ドイツの地域クラブは、19 世紀から 20 世紀への変わり目に各地に設立されたものが多い。現在の法人格は登記社団と呼ばれるもので、日本の社団法人に類似し、非営利である。種目は総合型もあるが、単一の種目だけを行うクラブ

12 地域密着と地域スポーツ振興をめぐる一考察

もある。
　これらの地域クラブは、いわゆるトップチーム、つまり全国レベルのリーグに参加するようなチームを中心に、あるいは頂点として編成されているわけではない。地域住民を会員、つまり社団法人の議決権を持つ社員として構成されており、会員がスポーツをするクラブであることがその基本的な姿である。トップチームは、その一部として存在している。
　また重要なのは、これらのクラブが、平均すると地域住民の25〜30％を会員としているところである。換言すれば、各クラブはその地域におけるワン・アンド・オンリーの存在なのである。念のために言えば、1つの行政区域、たとえば市に複数のクラブがあることもある。例えばミュンヘンにはバイエルン・ミュンヘンとTSVミュンヘンとがあり、前者はブンデスリーガの強豪で、後者は一部に居ることもあるが現在は二部でプレーするクラブである。一都市に複数の地域クラブがあるのはドイツ以外でも珍しくない。英国マンチェスターにはマンUとマンチェスター・シティとがある。マドリードには強豪のレアルだけでなく、アトレチコ・マドリードという、バスク地方出身者により設立されたクラブもある。ドイツのシャルケは都市名ではなく、ゲルゼンキルヒェンという都市の中の地区の名称である。ホッフェンハイムはジンズハイムの一地区であり人口は3,000人程度に過ぎない。クラブは行政方針によって設立・運営されるものではないので、1つの都市の中に複数のクラブがあったり、地区の名称を冠するチームが存在する。つまり、地域独占が政策的に担保されているわけではないし、地域クラブとは別に民間のスポーツクラブも存在する。しかし事実として、地域クラブに所属する人の割合が極めて高い。

（2）プロが上にある日本、地域スポーツが上にあるドイツ

　ドイツでは1990年代以降、それまで登記社団の内部組織であったトップチームをいわば子会社化し、登記社団が議決権の過半を持つことを条件に、外部資本の導入を行う例が、とくに旧西独側のチームで多く見られる。これにより、チームは経済基盤と経営基盤を強化することになるのだが、トップチームより「上」に、登記社団が存在していることにはかわりがない（図1）。
　ドイツサッカーのトップチームは、このように、登記社団である地域クラブの一部ないし子会社として存在している。したがって、地域スポーツの発展や

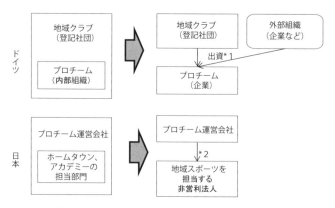

注1:プロチームへの出資については、地域クラブが議決権の過半を保有しなければならない。
注2:日本のJクラブの傘下にある地域スポーツ振興組織の多くはNPO法人などの非営利組織なので、法的には、Jクラブに支配されているわけではない。とはいえ実質的な「親会社」はJクラブである。

図1　日本とドイツにおけるプロサッカー組織の外形の変容

振興を理念とし活動しているのは、この「親組織である地域クラブ」そのものなのである。

　これに対して日本では、クラブのオーナーの多くは民間企業である。これらの企業は、地域のスポーツ振興に貢献したいという意思を持っているかもしれない。しかし企業自身は、地域のスポーツ振興を存在意義としてはいない。その活動は、プロクラブに期待するものなのである。逆に言えば、ブンデスリーガに属するクラブは、地域のスポーツ振興を目的ないし理念として掲げる必要のない存在であり、事実、そのような活動をほとんど行っていないと言ってよいだろう。それは、親組織である地域クラブが本業として実施しているものなのである。

　また近年、日本のJクラブでは、トップチームを有する株式会社とは別に、地域のスポーツ振興を目的とするNPO法人等を設立する例が見られるようになっている。この理由は大きくは2点あって、第一は、スポーツ振興くじ（toto）資金、あるいは地方自治体からの補助金等を受け入れるためには、非営利法人として地域スポーツ振興の実施部門を分離してことが好ましいからである。そして第二は、Jクラブにクラブライセンス制度が導入され、3期連続の赤字、あるいは債務超過が認められなくなったことに伴い、トップチームの事業会計と、収益を目的とせず、事業活動以外の収入を活動原資とする地域スポーツ活

動の会計とを分離しておく必要性が感じられたためであるということができるものと思われる。

　これらの非営利組織は、法令上、株式会社であるプロクラブをいわば「親組織」として持つわけではないのだが、実質的にはプロクラブ会社の子会社であると言ってよい。換言すれば、ドイツではプロが下にあり、日本では上なのである。したがって、ドイツでは「親」が地域スポーツ振興を担い、日本では「子」がこれを行う。

3　マルチサプライ：
　　日本における地域スポーツの産業組織の多様性

　Jリーグが創設され、地域スポーツの振興を理念として掲げた1993年には、地域スポーツ振興を担うことを目的として活動する民間組織は、他になかったと言ってよいだろう。スポーツ少年団は存在した。1964年東京オリンピックのソフト・レガシーの1つである。ただし、その活動対象は小学生に限定されており、実施主体は個人の指導者である。日本体育協会が設けた枠組みによるものとはいえ、それぞれの少年団は組織として地域スポーツ振興を目指すものではないと言ってよい。その意味では、Jクラブは民間の地域スポーツ振興の主体として、ドイツと同様にワン・アンド・オンリーになる可能性があったということができる。

（1）地域スポーツ振興のマルチサプライ状況とJクラブの相対化

　しかしその後、日本では大きく状況が変化する。具体的な変化は、つぎのようなものである。

　①総合型地域スポーツクラブ

　総合型地域スポーツクラブは前述のように欧州の地域スポーツクラブをモデルとして、1995年から設立が始められたものである。これも前述のとおり、ドイツでは地域スポーツ振興を担うのはプロクラブではなくその「親」である地域クラブである。日本では、Jクラブと総合型との間には親子関係はなく、それぞれが地域スポーツ振興を目指す。

　なお、もちろんJクラブのチーム数より総合型のほうが圧倒的に多い。文部

科学省のスポーツ振興基本計画では、すべての市町村に少なくとも1つの総合型クラブを設置することになっている。まだこれは実現されてはいないものの、設置自治体はすでに1,000を超えている。一市町村に複数の総合型があるのもごくふつうにみられる。つまり、少なくとも組織類型としては、地域にほぼ確実に存在するのは総合型であって、Jクラブないしその子組織ではない。

②地域密着を唱える他のプロスポーツ

2005年に創設されたbjリーグは、地域密着型のプロスポーツである。野球の独立リーグも同様であろう。これらも、Jクラブとは関係なく存在している場合がほとんどである。念のために言えばいくつか例外がある。新潟では、多様な種目がアルビレックス（新潟総合学院）グループの傘下にある。湘南ベルマーレも新潟と同様多種目化している。また最近増加している「Jクラブの『子組織』としての地域クラブ」でも、多種目化が見られる。

③大学

大学は現在自己評価を求められるが、その評価項目の中に地域交流、地域への貢献が含まれている。方法は任意であるが、スポーツに力を入れている大学では、住民へのスポーツ指導やスポーツ実施機会の提供を、地域交流プログラムとして実施する例が少なからず見られる。大学にとって、地域スポーツ振興は本来の活動目的ではなかったのだが、大学評価が地域貢献を求めたことにより、地域スポーツ振興は実質的に大学の、とくに大学の中で地域交流を担務する組織にとって「本業」になっているということができるだろう。

④企業スポーツ

企業スポーツは、社員の福利厚生を目的としてはじまったものである。当時の企業（＝工場）城下町では、企業とは地域であったので、企業スポーツは本来的に地域に密着する存在であった。これが1964年の東京五輪を契機として、とくにレベルの高い企業スポーツでは、スポーツに広告宣伝の役割を期待し、地域との関係が薄れていった。

その後バブル崩壊に伴い企業スポーツの休廃部が相次ぐ中で、企業スポーツの当事者、すなわちスポーツをする側の人々は、自らの存在意義を会社に認めてもらう手段として地域密着を掲げるようになる。つまり、ある意味において、企業スポーツは地域に戻ってきている。冒頭に述べたラグビーの例では、トップリーグ機構が加盟チームに地域貢献を求めており、その意味では地域スポー

ツ活動は一種の「本務」なのである。

　このように、当初は民間の地域スポーツ振興主体として「ワン・アンド・オンリー」であった、あるいは少なくともあろうとすることが出来たJクラブの位置付けは、同じ目的を持つ主体が相次いで登場したことによって、いわば「相対化」されていった。換言すれば地域スポーツ振興を複数の民間組織が実施・提供すると言う「マルチサプライ」状況が生まれたのである。

（2）競争と協調

　このような状況は何をもたらすのか。まず、産業組織論的な観点に立つなら、同じ顧客（地域住民）に対してスポーツ参加というサービスを提供する主体が多数存在するなら、そこには競争が生まれるはずである。平たく言えば「客の取り合い」ということになる。

　ただし、そこに起きるのは競争だけではない。例えば、総合型地域スポーツクラブに対して、プロクラブや企業スポーツが指導者を派遣することがある。大学は学生指導の一環として、学生をプロスポーツの興行の無償のアルバイト（ボランティアと呼んでいるようだが、これが果たしてボランティアと呼べるものかどうかは疑問である）として派遣する。

　前項で取り上げたそれぞれの組織は、今や地域スポーツ振興を目的の一つとしているものの、それぞれがこの目的を遂行するために充当する資源は限られている。このため、資源や組織能力を融通しあうことが見られるのである。地

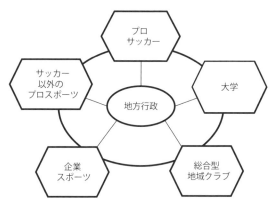

図2　地域社会におけるスポーツ振興組織の多様化

場産業の事業組合のようなものをイメージすればよいのだろう（図2）。

また市町村は、プロクラブに地域スポーツ振興活動を委託する。経済的に支えるということである。これを第三者的に評価するなら、プロクラブは地域スポーツ振興について行政機能の代替を果たしているということができるのだろう。本来なら行政自身が企画立案と実行をすべき事項について、プロクラブに委託されているからである。プロクラブあるいはその「子組織」のほうは、この委託が行われることによって、自分たちの組織の本来的な活動をすることができ、その資金について心配する必要がなくなる。toto資金もこれと同じ役割を果たす。

（3）地域スポーツ振興理念への「編入」

さて、このように、現在の地域にあっては、複数の主体が地域スポーツ振興を目的、あるいは「本業」として掲げて活動をしているのだが、気をつけなければならないのは、果たしてこれらの主体にとって、地域スポーツ振興は本当に「本業」なのかという点である。

比較のために、民間企業の組織編成を取り上げてみたい。例えば、発電機の製造を本業とする会社があるとする。この会社には国内に複数の工場がある。この会社の経営者が、合理化のために、各工場の経理事務処理をまとめてやってくれる子会社を設立したとしよう。この子会社の本業は、事務処理の合理化である。しかし、この企業グループ全体の本業は発電機の製造であって、もちろん事務処理ではない。子会社は、事務処理という機能を担当しているだけである。この機能は重要だが、発電機とは何の関係もない。

この観点から、現在の地域スポーツの実施主体をながめるなら、まず、企業の本業はもちろん地域スポーツの振興ではない。企業スポーツは、企業の社会貢献という機能を果たす手段である。大学についても同じであろう。スポーツによる地域との交流は、大学評価のポイントを上げるという「機能を果たす手段」であり、その意味において経理事務処理の子会社と変わるところがない。

プロスポーツについてはどうか。Jリーグは理念として地域スポーツの振興を掲げているので、地域での活動は本業と言ってよいかもしれない。しかし、その活動の目的は、試合という興行を実施する会社にとっては集客である。サッカー以外のプロスポーツについても同様であろう。

すなわち、地域スポーツ振興という理念を実現してくれる主体が、現在の地域には多くあるのだが、ではこの理念を誰が持っているのかというと、少なくとも、企業や大学は該当しないようなのである。これらの組織で地域スポーツ振興に携わっている部門や組織は、地域スポーツ振興を「本業」としているのだが、この本業は「機能としての本業」なのであって、企業や大学全体のものではない。またしたがって、これらの部門や組織は、地域でスポーツを実施ないし提供するにあたって、必ずしも地域スポーツ振興という理念を持っている必要はないのだと言えるだろう。

理念を持っているのは、地域住民、および／あるいは、地域住民から付託された行政機構である。その意味では、企業や大学は、地域そのもの（住民、行政）が有する地域スポーツ振興という理念の傘の下に、いわば「編入」されて活動を実施している。

（4）地域住民の「お客様化」

競争や協調によってサービスの質が向上していくのは好ましいことであろう。とはいえ良いことばかりではないかもしれない。とくに気になるのは、地域住民が、それぞれの地域スポーツ振興組織が提供しているサービスの利用者でしかないような状態が生じているのではないかと思われる点である。つまり、地域住民は「お客様」、すなわち「ファン未満」の存在になっている。

なぜそれが問題なのか。もし、地域住民がサービスの利用者でしかないとするなら、地域スポーツ振興組織が提供しているサービスは、民間企業が顧客から対価を受け取って実施しているサービスの廉価版でしかないかもしれないからである。スポーツについては、営利目的でサービスを提供する主体（フィットネスクラブなど）と、非営利の主体がある。本稿で取り上げてきた「地域スポーツ振興組織」は、民間であっても非営利であるが、その理由は、

- サービスを提供することが販促手段である。
- 親組織が、サービスの提供（という機能）を要請している…親組織には、大学の理事会や親会社のようなものと、リーグ機構とがある。

が主なものである。

したがって、これらの組織によるサービス提供は、コストに見合う対価を得ることができないというより、そもそも期待されていないのだが、ではこのよ

うなサービスを無償ないし低価格で受ける受益者の支払い能力がテストされているかというとそうではない。結果としてわいてくる疑問は、果たしてこれが地域スポーツ振興なのだろうかというものである。

　地域スポーツ振興の具体的な目標を何にするかによっても、評価は異なるものになるだろう。例えば、目標指標を地域住民の身体活動量が増えることとするなら、住民はお客様であっても構わない。しかし、目標を「地域スポーツのサービス提供者とともに住民が主体となって地域スポーツを発展させていく」こととする場合には、地域住民がお客様であるということは、目標達成を意味しない。お客様である地域住民は、地域アイデンティティと呼ばれるものを持つことはないのだろう。パットナムの言うソーシャル・キャピタルが形成されていくこともなさそうである。逆説的だが、地域スポーツ振興をミッション、本業とする組織が複数生まれ、それらが積極的に活動するようになったことによって、地域住民はスポーツの主体ではなくなってきているように思えるのである。

　もちろん、現在起きていることをあっさりと切って捨てて良いわけではない。地域スポーツの現場では、企業や大学、あるいはプロクラブが認識できないような、地域住民による主体的な参画が現実のものになっているかもしれない。あるいは、現在の「お客様化」は、言わばパス（経路）であり、その先に、ファン化、そして住民主体の地域スポーツという展開を想定することもできる。地元住民の雇用機会確保や、域外からの人口流入を目的の1つとして地域スポーツ振興が図られる例も見られる。さらに言えば、お客様であることのどこが悪いのかという反論にも意味がある。少なからぬ主体が地域に目を向け始めたことを、まずは喜ぶべきなのだろう。また、ここまでの「想定外の展開」が地域スポーツ振興を変容させ、豊かにしたという事実からすれば、今後も想定外の展開があると考えることが自然である。何が起きるのか、何が起きているのかがわからないことのよさを、大事にしたいと思う。

【参考文献】
武藤泰明（2010）プロスポーツクラブの地域密着活動の意味と意義は何か，ECPR Vol.25, pp.3-8.
ロバート・パットナム（2001）哲学する民主主義，NTT出版．

執筆者一覧

町田　光（日本フラッグフットボール協会専務理事、前NFL日本地区代表）
西崎信男（上武大学）
藤井翔太（大阪大学）
木村正明（ファジアーノ岡山社長）
佐野慎輔（産経新聞社）
伊藤直也（ヤクルト球団営業企画グループ課長）
井上俊也（大妻女子大学）
佐藤直司（Vリーグ副会長）
梶原　健（千葉ジェッツ執行役員）
阿部正三（株式会社インテージ執行役員）
木内勝也（株式会社インテージ西日本支社）
松岡宏高（早稲田大学）
武藤泰明（早稲田大学）［研究会代表世話人］

スポーツ・ファン・マネジメント

2016年6月10日　第1刷発行

編　者　早稲田大学スポーツナレッジ研究会
発行者　鴨門裕明
発行所　㈲創文企画
　　　　〒101-0061　東京都千代田区三崎町3－10－16　田島ビル2F
　　　　TEL：03-6261-2855　FAX：03-6261-2856　http://www.soubun-kikaku.co.jp
装　丁　村松道代（Two Three）
印刷・製本　壮光舎印刷㈱

©2016 早稲田大学スポーツナレッジ研究会　ISBN978-4-86413-083-7　Printed in Japan